哲学的自愈力

王鹏江题

〔意〕玛乌拉·刚齐达诺(Maura Gancitano)
安德莱·科拉美第奇(Andrea Colamedici) 著

张申申　刘凯琳 译

中国出版集团
中译出版社

图书在版编目（CIP）数据

哲学的自愈力 /（意）玛乌拉·刚齐达诺,（意）安德莱·科拉美第奇著；张申申，刘凯琳译 . —北京：中译出版社, 2022.3

ISBN 978-7-5001-6970-3

Ⅰ. ①哲… Ⅱ. ①玛… ②安… ③张… ④刘… Ⅲ. ①哲学-通俗读物 Ⅳ. ①B-49

中国版本图书馆 CIP 数据核字（2022）第 016077 号

© 2021 HarperCollins Italia S.p.A, Milano

Published by arrangement with HarperCollins Italia S.p.A.
First published in 2021 in Italian under the title: Prendila con Filosofia.
Manuale di Fioritura Personale
The simplified Chinese translation rights arranged through Rightol Media
（本书中文简体版权经由锐拓传媒取得 Email:copyright@rightol.com）
The simplified Chinese translation copyrights
© 2022 by China Translation and Publish House
ALL RIGHTS RESERVED

版权登记号：01-2021-4222

出版发行	中译出版社
地 址	北京市西城区新街口外大街 28 号普天德胜大厦主楼 4 层
电 话	（010）68359373, 68359827（发行部）68357328（编辑部）
邮 编	100088
电子邮箱	book@ctph.com.cn
网 址	http://www.ctph.com.cn
出 版 人	乔卫兵
策划编辑	郭宇佳　张 巨
责任编辑	郭宇佳　张 巨
文字编辑	张 巨　赵 青　李 坤
封面设计	张梦凯
排 版	北京竹页文化传媒有限公司
印 刷	固安华明印业有限公司
经 销	新华书店
规 格	787 毫米 ×1092 毫米　1/32
印 张	8
字 数	109 千字
版 次	2022 年 3 月第一版
印 次	2022 年 3 月第一次

ISBN 978-7-5001-6970-3　定价：68.00 元

版权所有　侵权必究
中译出版社

编前记

哲学(philosophy)源于希腊语"爱"(philos)和"智"(sophia),意为"爱智慧"。因此,哲学并非遥不可及,而是离你很近。运用哲学的思维和知识,帮助你完成"自我实现"之路更与你息息相关。

本书正是这样一本书,作者夫妇二人为每位读者都量身打造了一次探寻"自我"的旅程。在"旅行"的过程中,你也许会有未曾有过的体验,也许会与不同的"终点"相遇。这些都将成为你生命中不可多得的财富。

为了充分融合本书内容特点,方便读者的阅读体验。我们采用了每章可以撕开的装帧形式。你可以按顺序阅读本书;也可以将每章撕开,按照不同的章节路径分别阅读,以重组你的"旅程",撕开的单独章节更方便随身携带。读完本书后，你还可以将内封上的图画填上你喜爱的颜色，填充的颜色同样能代表彼时你的心境。按照内封上的指示，你会得到你的"专属颜色"的答案。无论怎样，都请诚实面对自己的内心！要知道，这是一本为你而写的书，与他人毫无关系。

人生之路苦而甜，但每个平静的瞬间都可成为最真实的感受。当下这一刻，感谢你打开它。读完它，你将变成更好的自己。

灵犀 LinkseeR

2022年1月于北京

推荐序

《哲学的自愈力》是我几十年来阅读的哲学书籍中最特别的。这本书不但适合阅读,而且还邀请你反复阅读。你甚至不必从头读到尾,作者会教你怎么读;而且有趣的是,读哪些内容,还是你自己选的!

本书的互动性与实用性,让我在阅读开始时就完全着迷了。我听从作者的建议,反复阅读本书,发觉这本书确实厉害,讲到我的心中。

在现代社会中,面对竞争时,人们心中或许会充满焦虑与紧张,面对期待可能落空的结果时,会产生彷徨与无助;我们需要一些良言建议,脱离这种生活。在本书中,我找到了!

"自我",是本书中最重要的概念。全书充满"自我"：自我实现、自我关照、自我管理、自我引导、自我认识、自我认知等。这么多对于"自我"的努力，结果就是透过哲学丰富我的生命，达到梦寐以求的幸福。

我从来没想过，幸福可以来得这么突然。哲学就是通往幸福的桥梁，通过它你可以看到不一样的世界。这是理论与实践结合的事，也是人生中最重要的事，甚至是唯一的事。

这本书的主要线索源于哲学中的斯多葛派；它要求个人应该建立自己生活与生存的原则。这个原则中最主要的部分，就是克制欲望；但这并不是单纯地用理性压制欲望，而是配合生活，用最实用的态度不断地对欲望进行调整。

是的，哲学不但是通往幸福的桥梁，也是种实用的生活态度。在这种态度中，矛盾不是问题，抵达幸福是关键。当我们有明确的方向时，欲望可以增加我们的动力，但也会使我们分神，成为阻碍；放慢生活步调是关键，然而还是需要紧迫感的；我们要懂得节制，也要让自己的生活变得丰富。

乍听之下，好像存在矛盾，但这些情形正是人生的写照；我们经常做出矛盾的抉择，继而又会后悔。原因是我们并不了解自己,时而认为这样是好的,时而认为那样是好的,庸庸碌碌,忙里忙外,却没有一样事情干得满意。

所以我们需要认识自我。"我"的心思与想法,让我不停止地变动;而且这些变动后的"我",经常是敌对的"我"。因此,我需要透过认识自我,破解这个敌对的僵局。毕竟,"我"永远是个整体,只是在不同情况下会出现迷惑的认知。

斯多葛哲学告诉我,想要解决这困扰"我"的问题,需要每天进行"精神练习",突破自我认知的限制。"精神练习"就像是条人生的道路,却是条不好走的道路。然而,想要从人生的焦虑与紧张中挣脱出来,不但要走出自己的道路,还要做好准备,因为这将会是条辛苦的道路,而且是与人生并存、没有终点的道路。

本书告诉我们不要害怕,因为学习通过这条"哲学桥梁"、踏上人生大道是必须的,也是唯一的选择。因此,"认识自己"就是"关照自己",而在一开始,我必须放空自己,面对所有困难,期待超越苦难的结果。

阅读本书,我获得了一个解除紧张生活的提示:讲述生活故事的能力。话语,就像作者所说,果然神奇,因为当你能够将生活中所有的不快说出来时，你会发觉，我们每天承受的痛苦，一旦被说出来，也并不都是那么负面，甚至会带来欢乐，至少能够与人共享。

所以，面对一切，期待幸福，就是本书的启示。

这是一本好书，我以诚挚的心，郑重地推荐给读者！

苑举正（台湾大学哲学系教授）

2021 年 12 月 24 日

哲学不是体系的构建,而是一种方法,一朝领悟便能始终以天真的眼光看待自己和周围的一切。

——亨利·柏格森

开派对的人,要坚持到最后。

——葛吉夫

终　　点

经历了漫长的旅途到达这里，你感到疲惫。生活的问题在于，当你觉得已经结束的时候，实际上才刚刚开始，反之亦然。或许你现在还不懂我在说什么，你要多看几遍这本书才能真正明白。

很多文化传统中都有这样一个故事：一个寻宝者，历经几十年，走遍世界各地，最后当他重新回到家时，发现宝藏一直埋在自家花园里。试想一下，他之前的那些奔波都是徒劳无功的吗？不是的。其实，离家远行是他找到家中宝藏的唯一途径，如果不是找遍了其他所有地方，他也不会想到宝藏会在他家花园里。

波斯的苏菲派神秘主义者法里德·丁·阿塔尔的诗歌《百鸟朝凤》正是对这个故事的绝妙诠释：世界上的

鸟类决定去寻找传说中的百鸟之王——凤凰,在经过漫长的跋涉后,有30只鸟来到了凤凰面前:"30个小小的身躯,羽毛和翅膀都伤痕累累,身心俱疲,虚弱不已。然而,它们体会到了某种不可言喻的'存在',超越了智慧的界限……它们仔细凝望着凤凰的脸,竟然发现,这30只鸟正是凤凰本身,而凤凰正是这30只鸟。它们既震惊又奇怪,不知道自己发生了什么变化。"

另一个改编故事来自中国宋代禅宗画家的《十牛图》。画中描绘了一位牧人去寻找一头牛,牧人找到牛将其驯服并骑着它回家。而最后,牛和牧人相继从画面中消失了。大安禅师请教百丈禅师何为佛,百丈禅师答曰:"大似骑牛觅牛。"[1]

本书的目的就是向你展示,你骑乘在身下的大千世界是多么复杂而多彩,值得花费全部精力去了解;不要忘记你自己同时也是那头牛,是复杂和多彩本身,你可以通过哲学的实践去了解它。

要记得,哲学的目的不是成为一幢可以居住的房子,

---

[1] 《十牛图》为十幅图组成,分别为"寻牛""见迹""见牛""得牛""牧牛""骑牛归家""忘牛存人""人牛俱忘""返本还源""入鄽垂手"。——编者注

而要作为一座需要穿越的"桥梁"。正如西蒙娜·薇依[①]所说:"我们继承了古希腊人的'桥梁',却不知道它们的用途。我们以为它们的存在是为了帮助我们建造房屋,于是我们建造了摩天大楼,一层层地越盖越高。但我们不知道其实那些是桥梁,是需要穿越的,穿过它们就可以接近上帝。"

开始你的穿越吧,祝你旅途顺利。

别停下脚步。

[①] 西蒙娜·薇依(Simone Weil),法国哲学家、作家等。——编者注

前　　言

　　我们生活在一种对自己的表现持续感到焦虑的状态中。我们要随时准备应对，随时准备好好表现，我们感觉（实际上也是）自己在不断地被评价。为了晚上睡觉的时候不会觉得内疚，我们每天都在尽力做更多的事，却感受不到幸福。我们觉得自己并没有走在正确的道路上，却又改变不了现状。我们没有遵循自己的心声，无法实现自我。

　　有没有方法能够打破这种恶性循环，做回真正的自己呢？有的。方法正是来自当今社会不被认可的、被认为抽象而脱离实际的——哲学。

　　人们普遍认为，哲学是可有可无的东西，实际上并非如此。从世界起源时起，哲学就是生活的艺术，或者如皮埃尔·阿多所说，是存在的艺术。哲学并不只是理论性的，它也是具体到与日常生活中自我关照的练习和实践密不可分的，古希腊人称其为"自我关照"。

我们在工作中最常见的问题是：怎样才能实现自我？这本书会给你答案。

事实上，多年前我们就开始讨论个人的自我实现问题。在古希腊哲学中，自我实现的过程是一个基本的过程，能够保证人的和谐发展。我们在各种场合中提及自我实现问题，如在公共平台"特隆"上（这是我们[①]一个哲学项目的名字），在会议中、在视频里、在书中（《不必做好女孩》，哈珀·柯林斯[②]，2019）也有提及，但还没有出版过一本真正的自我实现手册。

我们的基本思想在于，哲学不仅是理论，还是一种变革性的实践，能够帮助人们去理解自己和世界并指导人们行动。古老的哲学能提供一系列简单却有效的方法，这些方法，在今天我们反思和判断时仍然有用。

在充满机遇和挑战的当下，要成功地实现自我需要正确的指导，使得个人的成功能够发展成为集体的成功。

---

① 指作者夫妇二人。——编者注
② 指出版机构，HarperCollins。——编者注

因为你自身内部发生的改变对外界也会产生影响，你自己所做的努力也会对别人起作用。

事实上，经常会有这样的事发生：有的人只专注自身而忘了别人，还有的人由于过于关注别人而忘记了自我。而自我实现应是连通"我"和"你"的桥梁，从而在生活中保持自己的内心世界与外界进行频繁而有意义的交流。

这关系到对于"自我关怀"的价值的发现，放弃掌控欲，放弃对完美、全能的妄想，选择那些你能自然而然掌握的东西，同时不要放弃信念，也不要向惰性屈服。换句话说，要找到平衡，找到被我们遗忘的品德——克制。

这与让自己摆脱以下状况皆有关："完美表现焦虑"，按照自己的想法、心情和意愿做事，不感到羞愧也不去自我审核，遵从自己的内心，去创造奇迹。

本书为你提供理论场景和实操方法，让哲学能够成为生活中一种进行自我教育的实践方式。

因此我们设计了一系列不同的阅读路径，通过这些路径你可以真正从哲学角度进行理解。读这本书的时候，你可以仅仅把它当作普通的文字从头到尾地读下去，不去理会书中出现的那些指引；你也可以去关注每一章末尾的导读问题，这些问题会根据你的选择指向不同的章节。这是一种类似于橙光游戏[①]的阅读方式，需要读者积极参与，从两个到多个选项中选出自己的阅读路径。

有些阅读路径只有短短几个章节，有些则需要读很多章，而只有一条路径能够通读整本书。要记住：没有比这些路径更好的方式来感受这本书了。

重要的是你要认真对待。

每次重读这本书的时候，你都可以有不同的选择，这相当于你每次读的都是不同的书。赫拉克利特说，人不能两次踏入同一条河流。这不仅因为河里的水每时每刻都不同，还因为我们自己也是时刻在变化的。因此，每次的相遇，都是一本新的书和一个新的你。

再一次祝你旅途顺利。

---

① 一种文字类互动游戏平台。——编者注

第 1 章 信 任

我们需要你的信任。之所以一开始就这么说，是因为你可能是带着些许疑虑拿起这本书的。敌意重重的外界带来的压力和经年累积的负面经历使你无法完全放开自己。或许比起以前，你更加愤世嫉俗了，你对此心有不甘，却难以改变自己的心态。

而我们不会退缩：要做到改变观点，你至少需要一点点的信任和参与。我们给你提供一些练习，但不会限制你完成练习的方式，我们甚至无法知道你是否真的去练习了。

意识唤醒

我们从一个非常简单的练习开始：意识唤醒。注意，你现在正在阅读；注意，你的目光正在浏览这串水平排列在白色背景上的黑色字符；注意，某些事情正在发生。阅读并不是一件无足轻重的事，但我们给予它的注意力总是大打折扣。这是一种神秘的操作，如同自动驾驶；阅读同时也是破译的过程。文字是一套由字符组成的代码，人类集体赋予它含义，又在每次阅读中完成破译。

但我们几乎没有意识到这一点，就像没有意识到我们在呼吸；我们的心脏在跳动；我们为各种物质所环绕；我们所处的世界是一颗渺小的行星，它不断绕着宇宙中的一颗恒星运动。我们对宇宙知之甚少，即使我们掌握的知识已经比我们的祖先多了许多。

为什么我们没有意识到呢？因为忽视令人轻松舒适；因为觉察令人恐惧；因为在持续的注意力高度集中的情况下，不可能过正常的生活。由于某时受到过惊吓，我们学会把生活中的恐惧抛在一边，不去注意它。然而，这种忽视使得人们在成年后不仅消灭了恐惧，也扼杀了惊奇。毕竟，这两者有相似之处。

柏拉图在《泰阿泰德篇》①中提道："惊奇，这尤其是哲学家的经验。除此之外，哲学没有别的开端。"在古希腊语中，"惊奇"一词同时具有惊喜和惊恐的含义，关键不在于使我们惊奇的是好事还是坏事，而在于这种主动发现的态度。但现在的人们，由于害怕生活在恐惧中，便放弃了精神上的探索，而探索能使我们获得全新的理解和体会。想成为哲学家，或者想要取得某些成果而学习哲学的人——比如正在读这本书的你——要善于发现那些能改变视角的事物。

如果你希望过一种哲学的生活，就不能仅仅满足于知晓自己存在的状态，满足于了解的层面，或是认为自己已经了解了世界的组成。哲学的生活不可能是完美的，但永远是充实的，有思考也有停顿，有豁然开朗也有迷途，这才是充满生机的生活。

所以，请多一点信任，因为在这个促使你寻求积极事物、同时也总是存在怀疑和分歧的世界中，信任能诱发你的惊奇。这可能会让你觉得疲惫，因为这违背了你

---

① 《泰阿泰德篇》：柏拉图对话录之一。——译者注

的习惯。而孩子却正相反,他们会在不该信任的时候也去信任。也正因如此,他们总是对一切都感到惊奇。

自我关注

自我关注是自我实现的第一步。关注某件事物并使它脱离其背景,把它从我们称之为"世界"的一元维度中分离出来,摆脱那种将所有事物置于同一平面并缠绕在一起的错误视角。关注日常生活,关注那些普通的、显而易见的动作,如打嗝或吃早餐,我们会发现,没有什么事、什么人是"正常"的。雅克·拉康写道:"一个'正常'的人,本质上就是不认真关注自己内心声音的人。"正如你所看到的,你正在做的这件事,即阅读,也是不"正常"的。

你可能已经意识到,阅读时通常能"听到"自己默读的声音(实际上,那些接受速读训练的人必须先学会"关掉"这个声音)。一般情况下,你听到的默读声是你自己的声音,但有时碰巧是别人的声音。例如,你可能会遇到这种情况,你在读朋友的来信时,脑内的声音就是你朋友的。如果你受过训练,这种情况是可以自主选择的。就像在网飞（Netflix）上看电影一样，你可以选择不同的语言，也可以在阅读时改变或"关掉"默读的声音。例如，尝试用你祖母的口吻读下面几行字。怎么样，能做到吗？你感到战栗还是无动于衷？

现在尝试用一个你喜欢的明星的声音（比如尼诺·弗拉西卡[①]或卡门·康索利[②]）默读。更恰当的说法正如你所"听见"，阅读不仅是"读"，有时也有点像唱歌。这始终是一个关于想象的练习。

对于成年人来说，很难在日常生活中进行这些练习，因为它们让人觉得愚蠢。但是愚蠢（stupido）正源自拉丁语中 stupeo（使惊奇）一词：惊奇即愚蠢。害怕显得愚蠢——即使只是自己的感觉，即使周围没有人看着你，这种"害怕"也意味着失去使自己惊奇的机会。

同时失去的还有游戏的机会，哲学与游戏和实践之间的关联比你想象的要紧密得多。它从你日常生活的轨迹去丰富你的眼界，而不是去寻求什么无人知晓的重大创新。它让你能够更贴切地感受生活，生活本身就是无限的。

[①] 尼诺·弗拉西卡（Nino Frassica），意大利著名喜剧演员等。——译者注
[②] 卡门·康索利（Carmen Consoli），意大利女歌手。——译者注

书目答问

另一个哲学游戏可以从你眼前的这本书开始。

有些书改变了我们的生活,不是在于它们本身真的非同寻常,而是在于我们的阅读方式和阅读时的行为。这是一种相互的关系,因此,请信任我们,按照要求把书合上,再随机翻开某一页,用手指指出一行并读出来。这是我们的要求,但是除了你自己之外,没有人会去管你的动作,也不知道你是不是真的这么做了。好的,再说一遍,读完这句话后把书合上,在脑海中给自己构思一个重要的问题,再把书随机翻到某一页,用手指指到某一行。然后再回到这页,继续看下面一行。

好的,我们又回到这里了。如果你没有合上书、随机找出一行再回来,只是简单地顺着读下来,也没人会生你的气。但无论如何,如果你还没有这样做的话——还是试试吧,就现在,来!这叫作书目答问,它并不是我们发明出来的,而是一种"求签问卜"的方式。"求签问卜"是一种古老的技艺,即随机抽出一句话,通过对这句话的解读来回答求签者提出的与自身相关的问题。在书本出现以前,人们会写出一些句子塞到陶罐里,再随机抽出来一句,这句话就是对求签者的回答。

在古希腊,人们用荷马、赫西俄德、赫拉克利特的著作来进行这个游戏,接着古罗马人又在书单中加上了维吉尔的作品,随着时间的推移,《圣经》也加入其中。值得一提的是,希波的奥古斯丁[①]十分热衷于这个游戏,他是个书目答问的忠实爱好者。

练习书目答问非常简单,只需一本书、一个放松的心态和一点点信任就足够了。实践过程一点儿也不复杂:提出一个问题(不一定非要说出来),打开面前的书,随机翻到一页,不要偷看,然后读出那页书中跃入眼帘的第一个句子,这就是刚才问题的答案。要避免所有的作弊行为——即使是无意识的,比如,不要用你所熟悉的书,书上不要有能够对阅读起到引导作用的特殊标识(折角、破损或书签等)。同时,书籍的选择也不能是随机的,这本书在某种意义上要是"神圣"的,也不能是完全客观或是具有宗教意义的。它的价值,在字面意义上,要与你读的其他读物区分开,

---

① 又称奥古斯丁或圣·奥古斯丁。作品包括《上帝之城》《忏悔录》等。——编者注

也就是说，它必须和你读过的其他所有的书都不一样（即使你可能没有读过它）。你需要有一种这本书会说话的感觉，或者更进一步，你要觉得它能和你对话，能照亮你心中的阴影。

有些书适合用来做这个游戏（通常是一些经典名著），有些书并不适合。但无论如何，我们讨论的只是一个游戏，它并不是真的，我们也不希望它是真的。我们的目的是学习创造一个奇迹发生的条件。

找寻启示

人们在做游戏的时候常会出现两个问题：其一，觉得游戏很荒唐。认为这是小孩子玩的，不是成年人该做的事。因此他们会失去任何做游戏的机会，不会相信游戏产生的结果，也不会相信任何启示信号。

其二，有的人害怕做游戏。他们毫不停歇地向前冲，只顾眼前；他们害怕外界给出的指示，因为那会让他们意识到他们无法掌控自己的生活。想想查尔斯·狄更斯的《圣诞故事集》，想想《土拨鼠之日》[①]或《34街的奇迹》[②]。另一些人则随处都能看到一些启示信号，仿佛世界对他们这些普通人的平凡生活很感兴趣。

上述这两种人的态度都过于教条，而可取的态度是假装答案总是真实的。把这当作一种思维的练习，让我们能够从社会角色或我们为自己塑造的僵硬、无趣的形象中抽离出来，假装世界完全是另一回事。正如我们所见，这便是节日哲学。

让我们更好地对此进行理解：事实上，人们一直在寻找具有指示意味的信号，以此帮助自己做出选择，从日常生活中的小事，到人生中的重大决策都是如此。我们从风的声音，从书本的文字，从星象、纸牌、蓍草梗、硬币中获得启示，我们一直处于冥想中，等待一种能够启发我们的图像、感受或直觉。我们斋戒、被炭火灼烧、冒着生命危险追寻一些启示来帮助我们回答这个古老的问题：我在这里，是为了什么？

[①] 《土拨鼠之日》：美国奇幻片，讲述了主人公在"土拨鼠日"活动这一天陷入时间循环的故事。——译者注
[②] 《34街的奇迹》：美国奇幻电影，围绕"圣诞老人"及"是否应当相信圣诞老人存在"的讨论展开。——译者注

游戏规则

在古代，书籍是最神圣的物品之一，不是具体的某一本书，而是书籍概念本身，书是整个宇宙碎片化、具象化的表现。在书中寻找个人问题答案的技艺可以追溯至古埃及，并且几乎贯穿了人类发展的所有阶段。

如何对答案进行解读呢？有些情况下，答案可能是枯燥的、直接的和令人惊奇的，还有的情况下是模糊的、奇怪的和难以理解的。

要注意，关键不在于我们找到了一种新的解答日常问题的占卜方法，就像父母或老师那样可以帮我们解决复杂问题。关键在于，这是一个学习对世界产生信任的练习。让我们向机遇、向神秘、向未知敞开心扉，相信万物皆可语，只要懂倾听。任何事物都不应受到冷落：万物并不都是启示，但启示可以隐藏在万物之中。

你在做其他事情的时候也可以使用书目答问，把它当作一个可参考的指导意见。比如，当你写作时，为了验证文章主体走向是否正确，你可以时不时地随机翻开一页书并指出一行，如果跟你的写作内容相关，就说明你的方向是对的。当然了,还是不要把它当真:这只是一个游戏。

玩书目答问是成为宇宙主义者,或是能够读懂宇宙的前提。这些人能够发现和解读各种启示信号并以此为乐。他们认真看待自己,但也充满自娱精神。

文学与书目答问(一种值得保留的传统)

菲利普·K.迪克无疑是20世纪最大胆的书目答问爱好者之一,他是一位才华横溢的美国作家,在他人眼中是个为了逃避现实而去写科幻小说的怪人。他创作了许多优秀的长篇小说和短篇小说,有不少被翻拍成了经典电影,包括《银翼杀手》和《少数派报告》。迪克经常采用书目答问的方式进行故事创作,他最著名的小说《高堡奇人》,后来被拍成了同名电视连续剧,描绘了德国和日本在"二战"中取得胜利后的反乌托邦社会,书中的主人公经常采用《易经》中投掷蓍草梗的方式进行问卜,迪克本人也公开承认,在写作中遇到困惑或游移不定的时候,会使用《易经》帮助自己进行抉择。

另一个在文学作品中使用书目答问的例子是儒勒·凡尔纳的作品《沙皇的信使》：作者随机翻开《古兰经》，读到"他再也看不到大地上的万物"这句话后，决定让书中的主人公米歇尔·斯托戈夫受到失明的惩罚。此外，在威尔基·柯林斯的《月亮宝石》中，根据早年间侦探小说的习惯，主角加布里埃尔·贝特雷奇曾像神谕一样阅读《鲁滨逊漂流记》。笛福在《鲁滨逊漂流记》中也让主人公通过玩书目答问打发在荒岛上漫长的等待时光，是不是很有意思？

在奥古斯丁·巴勒斯的著作《夹缝求生》（后翻拍成同名电影，由亚历克·鲍德温和格温妮丝·帕特洛主演）中，有一位主要人物擅长做书目答问，使用的是《圣经》。他将自己沉浸在圣经中，仿佛只有通过偶然的时空才能窥得这本圣传的奥秘。不仅如此，有的时候书目答问还是异世界之间交流的渠道，正如菲利普·普尔曼让玛丽·马隆在《黑质三部曲》中所做的那样。

自我关注练习

这一章快结束了,我们再来做一个小小的热身练习。合上书,深吸一口气,然后开始讲话,尝试去注意你在讲话这件事。一会儿当你看到星号(*)标志的时候,停止阅读,开始讲话,注意听你自己讲话的内容和讲话的方式,说得稍微久一点儿,30秒钟左右,好吗?

*

做完了吗?你也许会感觉奇怪,还会有点儿害怕,或许不是第一次出现这种感觉。通常情况下,我们对自己不会有太多关注,就好像我们是台机器,只顾向前运转而不用关注具体在做什么,反正只要做就对了,一切都是安排好的流程。练习感知惊奇是一种有意为之的行为,你必须让自己处于一个不同且不寻常的位置来看待世界。我们所生活的世界并没有推动我们这样做,相反地,它让我们通过做事来认识自己,将我们的内心世界与我们的行动和计划分开。但正如我们所见,如果不能学会观察自我,就难以实现自我。

你会意识到,只要将看待世界的角度改变几毫米,就能发现一个全新的视角,随之将诞生新的热情、新的信念和新的幸福。

你的日志

在正式结束这一章前,我们来做最后一件关于信任的事,这会有助于你进行本书中的其他实践。做这件事时,我们需要一个本子和一件书写工具。在计算机广泛应用的今天,我们已不太习惯使用这些文具,但在阅读的过程中,笔和本这样的简单物品会成为你的重要伙伴。

手写是必不可少的,这里面涉及很多因素。美国印第安纳大学学者卡琳·哈曼·詹姆斯的研究表明,我们在手写内容时,会不自觉地规划出一条路径(文字在纸上的走向),每次写出来的字体也各不相同,这跟我们使用计算机键盘打字是完全不同的。这种书写差别是一种难得的机会,正是因为有无序、混沌和错误的情况出现,才会有自我提升的可能。只有当困难出现时,才有可能去克服它。同时,手写也是一种展示自我个性的方式，打字时选择宋体还是楷体并不能体现出多少个人特质，但字迹可以将人的性格展现得淋漓尽致。

出于这种想法，华盛顿大学教育心理学教授弗吉尼亚·伯宁格对小学二至五年级的儿童进行了一项实验，结果显示，经常手写的孩子更善于思考。测试中，经常手写而不用键盘的孩子更擅长提出想法，而且他们大脑中阅读和写作相关区域的神经细胞更为活跃。

当然，手写不仅对儿童有益，对成年人也大有用处：2014年，加利福尼亚大学学者丹尼尔·M.奥本海默和帕姆·A.穆勒进行了一项关于概念的吸收和转化的实验。结果显示，在纸上记笔记比在计算机上记更好，因为人们在纸上记笔记时，能够直接一边记一边进行修改，在键盘上打字时却没有这种思辨能力，最终只能不假思索地将内容记录下来。这是一个很严重的问题，因为思考和组织语言对提高理解能力和记忆能力非常有帮助。

我们并不是在贬低现代科技，但从本质上讲，手写是促进思考的绝佳方式。写字可以激活神经元回路，从而起到促进学习的作用。同样来自加利福尼亚大学的马修·利伯曼也进行了一项实验，不过实验的侧重点不是学习，而是情绪。实验发现，当人身处困境时，书写能够增加大脑前额叶区域的活跃度，该区域主要管理人的个性表达和人际关系处理，同时也会降低大脑杏仁核的活跃性（杏仁核主要负责管理记忆和情绪，尤其是恐惧情绪）。因此，书写产生的效果是让我们学会识别和掌控自己的情绪。

有意识地书写的另一个益处是发泄情绪，这个定义来自西格蒙德·弗洛伊德和约瑟夫·布鲁尔的《歇斯底里症研究》，即人们将与创伤事件相关的情绪进行释放和宣泄的过程。

简而言之，书写可以给我们的内心创造出更大的空间，就像《哈利·波特》中霍格沃茨的传奇校长邓布利多教授的冥想盆一样。冥想盆就是一个简单的石盆，可以把思想和记忆从身体中抽离出来放在盆面，以便更好地进行回顾和梳理。

这就是书写的用途：梳理思绪。你可以拿出一个本子，从现在起给它命名为《自我实现日志》，把它当作非常珍贵的物品（因为它真的非常珍贵），不要让别人阅读它。

在日志里记下阅读本书过程中让你印象深刻的句

子，包括书里写到的和你在日常生活中听到的。总之，马上把本子准备好，再挑一支好看的笔，然后继续你的阅读。

你的第一封信

翻开你的《自我实现日志》的第一页，准备写一封信。你有多久没写过信了？写信和写电子邮件完全是两码事，你很清楚这一点，因为你无从参考，也不能复制粘贴。这封信的寄件人是现在的你，收件人是读完这本书的你。鼓起勇气，摆脱"这到底是什么鬼"的想法，告诉将来的自己你将会变成什么样。想想你在自我实现的过程中是什么感觉，你的愿望是什么，你的恐惧又是什么，你现在感觉怎么样，你想要什么，你在往何处去？提出问题（比如我现在感觉怎么样？）并做出回答。

要认真起来，把这当成一件严肃的事去做。找一个空旷的、不受干扰的空间，这能让你忘记时间，随时集中注意力。一开始你会觉得这是不可能的，但在我们的工作室中，我们让成千上万多年没有写过字的人这样写了几个小时。你不需要具备写作天赋，只要会讲故事。不用怀疑自己，这是每个人都会的。

去写吧，想写多久就写多久。等你写完了，再回来接着读。

现在你来到了阅读中的第一个选择点。所有的初次选择都至关重要，这个选择点会从根本上决定你接下来的阅读。别担心，它是这样的：如同柏拉图在厄尔神话中所描述的那样，一群灵魂经过了漫长的旅途，来到了转世投生的地方，在那里他们将进入新一轮的生命。每个灵魂只能在众多命运中选择一种，如同在多个岔路口选择一条路。而每一条路、每一种命运都有一个特定的"监护神"①，它既是恶魔也是向导，在灵魂转世的生活中进行引导。

在柏拉图的神话故事中，许多灵魂粗心而草率地做出决定，选择了错误的命运。他们向众神和监

---

① "daimon"一词在中文语境中有不同译法，本书采用郭斌和与张竹明的译法。详见：柏拉图《理想国》。

护神抱怨自己遭受的不幸，但此前让他们进行命运选择的拉赫西斯女神警告他们："不是监护神选择了你们，你们将会选择监护神。……美德没有主人，越尊重美德的人就拥有越多的美德，越不尊重它的人就越得不到。责任在于做出选择的人。"

现在到了你做出选择的时候了，你面前有四条路：

第一条是高速公路，平整、快速而且免费。

第二条是乡间小路，缓慢而崎岖，走起来费力，但景色优美。

第三条是省道，穿越各个村镇。

第四条是大型城市街道，繁忙嘈杂，竖立着各种指示牌。

花时间好好思考一下，然后回答：你会选择什么样的生活？你今天要走哪条路？你是会冒着迷路的风险穿过熙攘的街道，还是会选择尽快到达目的地？记住唐望对卡洛斯·卡斯塔尼达[①]说的话："所有的道路都是相同的，它们不通向任何地方。"

[①] 卡洛斯·卡斯塔尼达（Carlos Castaneda），秘鲁裔美国作家、人类学家，以唐望系列书籍闻名于世。——译者注

但并不是说所有的道路对于你都是相同的。

你会在接下来的章节中看到选择的结果。现在，无论你的选择是哪一个，都来接着读下面的第2章。

第 2 章　优秀、幸福与自我实现

在前行的旅途中，我们经常会回顾游戏哲学，因为我们生活的时代过于现实和世俗，随着时间的推移，我们也许越来越不敢想象在生活中还能进行游戏。因此，游戏哲学能让我们发现奇迹，重新感受到世界的魅力。

但是，幸福在这个过程中起到了什么作用呢？显而易见，当代社会热衷于追求幸福，把幸福当作一种不同寻常的东西，好比一场盛宴带来的愉悦。我们被教导：如果想要幸福，就得做很多事、拥有很多东西，一言以蔽之，要不惜一切代价地去成长。

问题在于，幻想成长是一件极具侵略性的事，它会充满你生命的所有空间，如同能够把一切变成金子的国王迈达斯①一样，把一天中的每一刻都变成一种表演。结果是，在我们沉浸于自己所做的和所拥有的东西时，我们体会到了幸福，但那只是短短一瞬，之后幸福就会变得更加遥不可及。这只会让我们更加沮丧。

拥有一个优秀的监护神

古希腊语中，"幸福"的近义词是"eudaimonia"，字面意思是：幸福的人有一个优秀的监护神。古时候，人们认为每个人都有一个监护神，陪伴他度过一生。监护神越是善良、强大、有力，人的生活就越好。

在古希腊文化和哲学中，监护神是人和神之间的第三种存在，有时也会在人和神之间起到调停的作用。和我们现在的理解不同，监护神并不是一个黑暗的存在，它们与邪恶势力没有关系②。但是在古老的俄尔浦斯教

---

① 古希腊神话中，国王迈达斯被赋予这个能力后很快后悔，因为他所触碰的食物、水，甚至自己的女儿都变为黄金。——编者注
② 在现代语境中，"监护神"一词具有宗教色彩，有魔鬼的含义。——译者注

中，监护神是因为过去犯下的错误而被禁锢在肉体中的灵魂，它们千方百计地想寻求解脱。

苏格拉底的监护神无疑是古典时代最著名的，这要归功于柏拉图和色诺芬的传承，之后是普鲁塔克和阿普列尤斯的记载。在《苏格拉底的申辩》以及柏拉图的其他日常对话中，监护神会以某种形态出现，吸引苏格拉底的注意并对他的行为产生影响。苏格拉底会经常根据监护神给出的启示，陷入深深的冥想状态，一动不动地在路中间待几个小时。苏格拉底相信他在梦中获得的信息，即使是在生命即将到达终点时也依然相信。他相信自己在梦中是在与监护神进行交流，监护神会帮他排除一些选择：只要听到监护神的否定建议，他都会放弃。他坦然接受了死刑的判决，因为他的监护神没有反对，那么欣然赴死就是正确的事。更进一步说，苏格拉底本有逃生的机会，但他选择相信监护神的话，而没有听从那些帮助他逃跑的人。他声称，感到有义务听从这一声音的指示，"从孩提时代起，我的内心好像就有一个声音，每次他开口说话，总是阻止我去做本来想要做的事，但他从不劝我主动去做某件事"。

因此，对古希腊人来说，欲望得到满足并不与幸福相关,是否能够坚持在转世前选择人生道路,以及守护在身边的监护神是否优秀才与幸福相关。[①] 未来的方向决定于过去的选择,因此一时的欲望不会引起焦虑,也不会对人生的定义造成什么影响。

所以,"eudaimonia"[②] 这个词总的来说也不完全等同于我们今天所说的"幸福":现在我们说起幸福这个词的时候,会更多地把它理解为满足的近义词。赫拉克利特的著名格言"Ethos anthropoi daimon",通常被翻译为"一个人的性格就是他的命运"。这意味着生活决定了我们的命运,幸福取决于我们生存的方式。我们生活的内部和外部环境(以及生活的方式)或多或少与我们内心深处的意识有关联,和我们生活在这个世界上的态度相比,一时的欲望几乎无足轻重。

而现在则恰恰相反,我们靠着短暂的满足感生活,当满足感消失后,我们又深深陷入了长久的绝望。我们唯一可以参照的东西就是我们的欲望,而欲望往往又是不真实的,会受到外界诱导的影响,难以摆脱,尤其是

---

① 详见柏拉图《理想国》第十卷,厄洛斯等灵魂选择命运的故事。——编者注
② 原意为好的精神状态。——译者注

那些与成功和物质财富有关的欲望。保罗·利科[①]说:"幸福是阻止欲望前行的因素。"

正如我们所见,欲望并不是消极的,相反,它代表了一种创造性的张力。正如吉尔·德勒兹[②]所说,人就是欲望机器,是欲望的洪流。换句话说,欲望没有错,但是需要进行控制,因为欲望代表着生命的动力,但最终往往会使人分心。当我们已有明确的前进方向时,欲望可以帮助我们加速,增加我们的动力;但当欲望并不真正属于我们的时候,当欲望阻止我们质疑自己的道路的时候,当欲望使我们分神看向其他地方的时候,它们就会成为我们的阻碍。

因此,我们不停地跳来跳去,不停地向前奔跑、逃避自己,无法安静地体会当下的奇妙之处。

那么如果我已经够幸福了呢?

幸福与美满

经典的童话结局中,主人公永远过上了美满幸福

[①] 保罗·利科(Paul Ricoeur),法国著名哲学家、当代重要的解释学家之一。——译者注
[②] 吉尔·德勒兹(Gilles Louis Réné Deleuze),法国后现代主义哲学家。——译者注

的生活，这其中有什么含义呢？通常我们看不出来"幸福""美满"这两个词的区别，因为我们也会用"美满"来指代"幸福"，但其实并不是这样。

我们没有意识到，从词源意义来讲，真正的"幸福"和"美满"有着巨大的差别。"幸福"一词源于拉丁语"felix"，与"fecundus"（字面意思是"多产的"）词根相同；"美满"一词源于拉丁语"contentus"，是"continere"（包含）一词的过去分词，意为内容，也表示对某事感到满意、满足和充实。

如果你刚刚饱餐一顿，你会觉得美满，这意味着你很满足，但并不代表你也会感到幸福。幸福感是自身孕育出来的，它并不诞生于满足，而是自我与世界发生美好的碰撞所产生的结果。

我们应该学会同时感到幸福和美满，这是一种理想的状态，可以让人在感到内心富饶的同时也很满足。这是一种复杂的感觉，融合了投入和给予的欲望、投入世界的欲望、用未知来填充自己的欲望，以及充实感与满足感，如同濒临生产和刚刚完成分娩的状态同时存在。

幸福与自我实现

我们说过，想要幸福，就得内心富饶，这样你的内在品质才会在外界的浇灌下最终展示出来。这好比你的内心世界是一片土地，当遇到阳光、空气和水的时候，就能够生长出各类植物。你内心的种子在不断努力，为了自己能被人们看见。当它终于开出一朵花的时候，你就是幸福的。塞尔吉奥·恩德里戈唱道："做任何事都需要有一朵花。"

这就是幸福的意义：耕耘内心的土地，播下种子，让它开花结果，见证它的蜕变。出于这个原因，不同专业背景的学者们（例如哲学家希拉里·普特南[1]和心理学家马丁·塞利格曼[2]）经过多年研究，确定了一个词语，用来描述 eudaimonia 这个古希腊术语在当代的意义：human flurishing，即人的自我实现。

自我实现是一个特殊的过程：每个人都是一朵独一

---

[1] 指希拉里·怀特哈尔·普特南（Hilary Whitehall Putnam），美国当代著名哲学家。
[2] 马丁·塞利格曼（Martin E. P. Seligman），美国心理学家。

无二的花，因内心的土壤与外界的独特相遇而诞生。每个人都可以绽放自己，包括在公共场合中，在与他人的关系中或者在自我认知的过程中。

我们谈论个人的自我实现，是因为每个人都是不同的花，绽放在不同的时刻，不必虚张声势，也无须刻意展示。一朵花可能还没有开放，但是在潮湿的土壤之下，它的根茎正竭尽全力地生长。个人的成长则截然相反，通常是在传达时代精神的思维方式：你必须不断地奔跑、成长、积累，像企业一样去增加你个人的"营业收入"。

当我们谈到自我实现的时候发现，许多人很快理解了这件事，并意识到这是不同寻常的。要知道，在人类历史上，从未有如此多的人愿意去了解自己并为自己的生活赋予意义。古时候，有一些不同的小群体信奉这样的精神，但没有出现过在像我们这样的全球化的大社会中，数百万人试图去过一种真实生活的情景。在这个关键和脆弱的时候，我们真正有可能创造历史上最大的精神花园。

尽管近年来出现了一些危机，也有人迷失了方向，但现在有越来越多的人愿意倾听自己内心的声音，这是一种特权。不管怎样,从本质上来讲,你有时间阅读,我们有时间写作,我们都是有特权的人,可以在维持生计之余顾及其他的事情。拥有思考的时间便是一种特权。

这种兴趣的广泛传播也造成了一系列的欺骗,正如我们几年前在《你不是上帝》①一书中所写的:如果数以万计的人想要了解自己,那么市面上自然会诞生出许多商品,带给人们这种错觉,但错觉与真实的状态截然不同。究其本质,灵魂成了资本的副产品。

个人的自我实现并不是一种理论方法,相反,它是一条极为实用的道路。但是这条道路是非常个人化的,走在这条路上的人要不断对它进行调整。

个人的自我实现不是一种技术,而是一个过程。当你觉得内心某些想法在悸动时,你会感到自己正在绽放。这种悸动会很慢,这取决于你自己的时间,有时候是温和的,有时候也会有些急躁,但并无暴力。这个过程始终需要你的努力、反思和调整,它会给你带来一些摩擦,但不会伤害到你。

---

① 指作者2016年出版的《你不是上帝:当代精神现象学》(*Tu non sei Dio: Fenomenologia della spiritualità contemporanea*)。——编者注

你需要有一些紧迫感，但不要急于求成；选择一个容易但不简单的目标；认识到困难但不要夸大它们。然后，还要找到正确的方式，要懂得节制，要让自己的生活变得丰富，要有正确的方向——不仅包含纯粹的个人利益，还要包含全人类对美好的共同追求。

我们为什么不幸福

构建一个能够展示这种美的空间，一个容纳所有人自我表达的场所，这对于世界的秩序非常重要。如果说草地上的垃圾阻碍了花朵竞相开放的方式，那么对于人类来说，主要的垃圾则是情感。受其影响，人们会将个人利益凌驾于公共利益之上；将所有资源据为己有，拒绝共享，削弱他人的能力，剥夺他人发展的支撑。表面看来是精明的胜利者的姿态，但从长远角度来看，这样会造成整个社会系统的资源流失，导致社会凋敝。我们需要将自己视为个体，要扪心自问我们是谁，在孤独中默默提升自己；但也需要与外界进行交流，毕竟我们在每次呼吸的时候都是这么做的。通过这种方式，我们就能与世界、与周围环境中的一切构成一种富饶的、收获颇丰的关系。

上升到更高的层面,从整个世界的角度来看,陆地和海洋的污染、滥砍滥伐植被、无节制地消耗地球资源是整个人类种族的不幸,这意味着我们无法与其他物种和谐共处,意味着我们需要重新审视自己的地位。我们外在的行为是污染生存环境,而在心灵层面,我们的恐惧与偏见使得他人无法充分地展示其人性之美。种族主义、对外仇恨、性别歧视,排斥心理如同弥漫的烟雾,伤害着被污染的社会中的每个成员,始作俑者亦受其害。

为什么这一切发生得如此轻而易举,而我们还在继续破坏我们的外部环境和精神家园?因为我们没有真正把世界当作自己的家。之所以如此,是因为我们不知道自己到底是谁。

幸福还是美满?

在你的日志上写下这个标题:令我感到高兴的事物。

现在尽可能多地写下让你感到高兴的事和物:当你心情低落的时候可以翻开看看,获得一些宽慰。写完之后(依旧取决于你自己的时间)再来继续阅读。

把日志翻到下一页，在中间画一条竖线，在左半页面的顶端写上"幸福"，在右半页面的顶端写上"美满"。现在，根据你刚刚学到的"幸福"和"美满"的定义，将你在前一页列出的事物分别填入这一页的两列，在左边写下让你感到高兴同时带给你幸福的事物，右边写下让你感到高兴同时又使你满足的事物。当你写完之后，继续下面的阅读。

用哲学的眼光看世界

我们在2020年3—4月间组织并举办了名为"用哲学的眼光看世界"的主题活动，后来又在罗马阿皮奥公园举办了一系列的现场活动。在活动中，我们共同探索在当今这个复杂的时代中幸福的主旨。我们联合了数百名哲学家、学者和艺术家，从翁贝托·加林贝蒂、维托·曼库索、佛朗哥·阿米尼奥到让-吕克·南希，从朱迪思·巴特勒、南茜·弗雷泽、贾·托伦蒂诺到米格尔·贝纳萨亚格，包括阿布巴卡尔·苏马霍罗、阿兰·德波顿、尤瓦尔·诺亚·赫拉利、彼得·辛格、范达娜·席娃等。活动取得的共识之一是对当下幸福的概念进行彻底的反思,可以归结为一个问题:我们还能幸福吗?

在我们看来,这是一个至关重要的问题:在自问如何才能获得幸福之前,应该先明白我们是否能够获得幸福,也就是说,人生中是否还给幸福留有余地。

"表演型社会"有着不可思议的能力,能让我们通过特定的餐食、特定的电视连续剧以及量身定制的娱乐节目获得瞬间的满足感,这是我们时代的标志。社会几乎可以为我们提供任何服务,而且还是一键式的,如果第二天早上还没送来我们半夜订购的商品,我们就会立刻急躁不安。满足感不会持续很久,但不可否认的是,社会知道如何取悦我们。

我们对此有着亲身体验:自己的社交主页更新很活跃,粉丝也很多,我们经常可以感受到"点赞"这个功能是多么有用,多么令人满意。每次发布文章之后,我们都忍不住翻到最下方看看获得了多少赞(更新的内容可能只是关于戒断网络的重要性的一些数据整理),这诱惑堪比老虎机。当我们知道外界有许多人欣赏我们的想法,并且选择让我们知道他们的认同时,我们体内的多巴胺难免会激增。但是一篇好文章带来的热度只能持续一两天,最多不超过三天,在获得越来越多的认可后,反而会给我们留下更多的空虚感,甚至是烦恼。这种情况下你会觉得需要再向世界做一些付出,以便再一次获得满足的感受和刺激。愉快的感觉过后是与之成比例的压抑,这是一种不合理的紧张状态,它实际上阻碍了幸福的产生。

在第 1 章的最后,如果你选择了高速公路,请翻到第 5 章。

如果你选择了乡间小路,请继续读第 3 章。

如果你选择了省道,请读第 8 章。

如果你选择了城市大道,请翻到第 7 章。

第 3 章
意识的爆发：自我关照

哲学源于惊奇，诞生于对于世界的惊奇和恐惧，诞生于人们在生活中体会到的疲惫感和被遗弃感，诞生于意识到自己理解工具的有限性。这是一种我们正在渐行渐远的感觉，我们试着不去注意它，但我们必须把它记在心里，只有这样才能构建自己真实的生活，才能走上一条富饶的道路，而且每走一步都能感到自由。

我们认为，哲学不是一个坚固的体系，而是一种态度，一种视角，一个持续的过程。哲学是一种理解自己和世界的方法，但不得不说，几个世纪以来，哲学往往成了试图描述和控制一切的失败尝试，远离了"存在"的问题，远离了人类深刻而普遍的经验，而哲学恰恰是从那里诞生的。正如彼得·金斯利的巧妙解读："当代哲学是对曾经的模仿，它不再是通往智慧的道路，而是对智慧的阻碍。"

古代哲学则与之相反，是一个自我教育和自我塑造的过程，其主要目的是自我关照（epimeleia heautou）。自己应当照顾好自己是古希腊文化中的基本观念，同时也是一种要求，这种观念在罗马帝国时期的前两个世纪为古罗马文化和许多教义所接纳。自我关照的观点因此也发生了很多变化，成为一种向往、一种态度、一种生活方式，成为每个学院和哲学流派都通过实践、日常训练、思考和回顾历史的方式而发展的过程。

在花费了几个世纪的时间试图建立宏大的哲学体系之后，20世纪的哲学家们又回到了过去，开始关注自我关照。这也要归功于同时代的作家们通过不同途径开始复兴古代思想和方法论。尤其是米歇尔·福柯和皮埃尔·阿多，他们开始了关于自我技艺和精神训练的探讨，这也正是我们尝试做的，我们把这个过程称为个人的自我实现。

量身定制的途径

说到自我实现，每个人都有不同的欲望、性格和倾向，不可能像社会让我们认为的那样，每个人都走同样的道路，进程和速度都相同。我们的道路应该与我们自己、与我们的生活相匹配，应当融入我们生活的每一刻。获得高超的技艺并不会最终让人感到幸福——如果没有将技艺付诸实践，他会产生强烈的内疚感；技艺应当从自身产生，是自我倾听的产物。

如果我们学会自我倾听和自我倾诉，宣泄出我们的感受和欲望，自我实现将成为一项虽辛苦却鲜活的进程，一个可以被感知的动作。抛开内疚感和责任感，不要觉得自己是在出演一场完美的表演。我不是在为自己工作（这个观点总是与生产力以及失败联系在一起，常常带来压迫和竞争），我是在为自己行动。

我们将其称为个人的自我实现，因为这不是一场比赛，要求所有人尽可能快地冲过同一终点线——终点线甚至都不存在。实现目标的想法是一种完全现代化的幻想，它使我们的生活流于表面，让我们害怕如果停下来就会沉没，只有不停地奔跑才能继续在水面上漂浮。问题在于，这样我们永远无法深入探寻，只能感知生命的短暂，却不能了解它的所有维度。

要声明的是：那些陪伴我们进行这一旅程的哲学家们，包括塞涅卡、马可·奥勒留、伊壁鸠鲁、苏格拉底、爱比克泰德，他们几乎将自我关照的理念当作教条一样遵循，用严厉的口吻制定了极其严格的戒律，在今天看来几乎是道德主义的说教。我们会复原一些他们留给我们的思想和练习方法，但这些都要与当下的精神思想和你自己的生活相匹配。

正如你所注意到的，刚才用来举例的哲学家全是男性，因为当时哲学只留给身份自由的人，只有他们才能专注于自我关照；而女性和奴隶被工作和杂务缠身，无暇顾及其他。出于同样的原因，爱比克泰德在《手册》中展现了深刻的洞察力，但同时也有极端的厌女言论。古希腊和古罗马哲学并不完美，因为创造他们的社会也不完美。

但不管怎样，他们留给我们的是一些有助于我们理解和行动的条件、态度和实践，尤其是我们这个时代，无论其他，人们越来越清楚地意识到，每个人都拥有平等的价值，这价值超越了性别和其他一切特征。在今天，自我关照终于可以不仅仅专属于特权人士的思想和实践，而属于每一个想要这样做的人。自我关照可以成为每个人量身定制的道路，在这条路上任何事情都可能发生，并且是在正确的时间、以正确的方式发生。

克洛诺斯的神话

我们一直想要摆脱的疲惫感和为众人所抛弃的感受从何而来呢？为什么在生活中，我们常感觉无缘无故地被事务缠身、被抛弃、被迫疲于奔命？

柏拉图早在2500年前就在《政治家篇》中对此进行过描述。该作品中有一段发生在年轻的苏格拉底和来自爱利亚的陌生人之间的对话，以克洛诺斯的神话为高潮。神话中提到，在我们之前的一个时代里，生活着地球上的各类生命以及神圣牧者，由神王克洛诺斯照看着凡间的生命。陌生人说，那是一段田园牧歌般的美好时光。但当那个时代结束、宇宙为神所抛弃后，另一个完全相反的时代开始了。人们发现自己处于自然状态，需要繁育后代，需要维持生计，需要进行自我关照。

根据陌生人的说法，在神话时代，人类由神照看，神明将人类引向草场并亲自监督他们。由于接受神的管理，那时没有政治制度，人们也不需要结婚生子，因为每个人死后都会从大地上重新生长出来，而且不会记得以前的事情。

写这篇神话的时候，柏拉图很清楚这个故事从头到尾都是虚构的。想象力是讲解事实的关键，它可以让我们感知一些在我们脚踏实地的时候看不见的东西。因此，这并不是一段真实的历史，但是通过讲述故事，柏拉图表达和揭露了一种今天的我们往往会隐藏起来的深刻感受：生活是令人疲惫的、是艰难的，很多时候也是枯燥的。时间越久，我们越应该学会独立，去掌握很多事情。柏拉图设法通过一个故事来描述这种感受并告诉我们：如果人们活得无忧无虑、丰衣足食、漂漂亮亮，并且有神去照顾他们，那么就不再会有政治和人际关系。

克洛诺斯时代人类由神照看，宙斯时代每个人都必须关照自身。但是，在讲述了二者之间的差异后，陌生人向苏格拉底提出了问题：你能够判断哪个时代更幸福吗？

我们把这个问题交给你,你的答案是什么?你不用立刻做出明确的回答:好好想一想,因为这是自我实现过程的开端。这个起始点是人生在世的艰辛,是被抛弃的感觉。人生是一条很长的路,在路上你会遇到许多人,但你必须用自己的双腿走,在路上你常常问自己,为什么一切都如此不易,为什么要付出这么多的汗水。

问自己是生活在克洛诺斯时代还是生活在宙斯时代更幸福,实际上就是问自己是否已经准备好出发。如果我们处于柏拉图所描述的宙斯时代,那我们别无选择,我们必须自己照顾自己。所以真正的问题在于:我们是准备好了要出发,还是踟蹰不前?

学院的门徒

大部分伟大的古代哲学家都有自己的学院,在那里建立起社区生活。学院里的人不仅要聆听教诲,而且在饮食、锻炼、社交等方面都要遵守严格的规训。

米歇尔·福柯越来越清楚地意识到,这样的铁律存在矛盾:这种训练对于我们现代人来说很难坚持下去,却使得学院的门徒们比现在的我们更加自由。在我们的社会中,人们被告知有做任何事的自由,但实际上我们混淆了标签与身份,将个人形象和镜子中的映像混为一谈。

正如福柯所写,自我关照的技艺,能够让人们"通过自己的方式,或在他人的帮助下,对自己的身体和灵魂进行一定的操控——从思想到行为再到存在方式——从而改变自己,以达到幸福、纯洁、智慧、完美或不朽的状态"。

但是,如果这样的选择在当时能够促进个人的努力,那么在现在就有陷入宗派和被操纵的风险,不幸的是,这种情况很常见。毕竟,在西方文化被宗教戒律和教条浸染数千年之后,曾经可以带来解放的东西——严格遵循大师或哲学家的指引,如今也成了制约。就我们的心理和社会的复杂性而言,不可能存在能让人一字不差地执行的命令,因此知道如何设计指令是至关重要的。

在我们的世界里,需要寻找的不是领袖,而是助力者,即能帮助你发掘和提升正确技艺的人,他们会与你产生一些摩擦,但对你没有害处。这就像成为一个门徒(作为学生,通过练习和接受教导进行学习),但没有人会控制你。这个过程更加复杂,但可以让你成为生命的门徒,而不仅仅是某个人的门徒。

自我关照还是认识自我

提起苏格拉底,你可能马上想到的是德尔菲神庙上的神谕:认识你自己,而不是自我关照的概念。如果你留意的话,会发现我们一直把认识自我放在首位,而忘记了对于古希腊人来说,自我关照是生活的基本原则。认知只是自我关照过程中的实践之一,也就是说,认识自我是另一项更大的事业的一部分。那么,我们为什么要这么做呢?

把认识自我放在第一位的想法反映了我们对于自己的态度:我们必须了解自己的一切,控制自己的思维、自己的梦想和自己的每一寸躯体。我们必须掌控自己的一切,所有的事情都要清晰明了,所有悬而未决的问题都要解决,所有的疑虑都要消除。这使得我们在内心建立起一种审判机制,如果我们没有完成事先想好,就会责怪自己;如果发现自己怀有始料未及的欲望或倾向,就会陷入危机。

对于自我关照，没人能比古希腊人有更深的理解，他们并不急于给自己贴上一成不变的标签，甚至没有关于"我"的概念。在古希腊人的生活方式中，了解自我是必要的，但只作为更大的事业的一部分，他们并没有今天的焦虑和掌控欲。

我们所接受的人类主体概念与社会形象概念类似：它必须是统一的，要以相同的形象和相同的口吻出现，但传统精神理念和神经学研究成果都向我们传达：有些事情比我们想象的更为复杂、更为分裂。

现在，摆脱你能够完全了解自己的念头——对自己的认知可能是没有尽头的——并投身于关照自我的想法。这里有一系列的问题、选择、练习和实践，你需要用正确的方式去完成它们，以便进行你的自我实现之旅。

自我关照关于自己本身，也就是自己的身体和灵魂，但实际上也与外界有关。自我关照意味着关注自己的情感、欲望、天赋和计划并给它们足够的发挥空间，但这种关注不能出于虚荣或是害怕受到评判，而是要心怀为善的意愿。因此，自我关照同时也是在关照世界，关照自我的同时也是在帮助他人，这便形成了一个良性循环。

哲学与精神练习

古代哲学不仅是理论,更重要的是实践,尤其是精神实践,皮埃尔·阿多首先强调了这个观点。事实上,古代哲学家最早开发出来的一些练习与许多传统文化中的做法相似,甚至直接为之后诞生的宗教所吸收,这绝非巧合。

阿多强调,古代哲学是生活的艺术,它的重点不在于理性的思辨,而在于对待生命的具体态度。它的目的不仅在于信息的获取和积累,更在于了解自己。它最终能够改变人们看待自己和认识世界的视角,使人们的态度和存在方式发生质的改变。

关照自我、了解自己、谨言慎行:对于古人来说,具备良好的行为举止是基本共识,是哲学中伦理学部分的基础。

哲学生而博大

在此必须强调的是,古代哲学对于那些我们想都难以想象的超自然的、不可见的事物以及神灵持开放态度。如埃马努埃莱·塞韦里诺①所写,哲学生而博大,而越来越多的史学家相信,毕达哥拉斯、恩培多克勒和巴门尼德同时具有神秘主义者、魔法师、立法者、宇宙学家、治疗师及巫祝等多重身份。

你可能拜访过这些名人的故居:毕达哥拉斯在克罗托内创办了他的学园;恩培多克勒出生于阿格里琴托;巴门尼德则出生于爱利亚,即现在的萨莱诺省。这些地方是我们真正的根基所在,我们却往往觉得它们很遥远、难以理解。要在几种可见的反乌托邦场景中选出我们最佳的未来,我们只有一个机会:重新发掘历史中的精华,从最初的意识爆发中汲取灵感。

自我关照是一门磨炼自己的艺术,以求可以触碰到神学家鲁道夫·奥托所说的"圣秘",能够与庞大的未知存在和神秘事务发生实际的、使人战栗却又令人着迷的接触。这是哲学真正的顶点:不是对于现实的理性理解(许多人一开始就迷失在这里,他们以为这就是哲学的全部),也不是与自己和谐相处的能力(这是

---

① 埃马努埃莱·塞韦里诺(Emanuele Severino, 1929—2020),意大利哲学家。——编者注

学会思考带来的最美好的结果），而是接触到真正的差异，这种力量能够解构自我，深入人类历史最底层的深渊并将其展现出来。卡尔·古斯塔夫·荣格写道："我对工作的兴趣并不在于治疗精神疾病，而在于探寻'圣秘'，……与'圣秘'触碰才是真正的治疗，体验过'圣秘'的人可以免于疾病的诅咒。疾病本身也具有'圣秘'的特征。"这是真正的宗教式体验，让我们面对无尽的未知，心怀敬畏地窥探神秘。在巅峰时期，自我关照理念也如同"圣秘疗法"一样，正如荣格所说，改变了疾病本身的意义。

哲学不是对于渊博的炫耀或是一种精致的消遣，而是一条物理意义上的具体的道路，旨在帮助摆脱那些我们经年累月制造出来的无用的上层建筑，学会真正进行自我关照。你要一步一步地走，一层一层地抽丝剥茧，会有一点摩擦，但并无暴力。

身体与精神层面的关照

说到自我关照，人们想到的可能会是对于自身、对于自己的身体和时间的过分关注，完全以自我为中心，自负骄矜。我们的社会确实正在让我们的行为和思想自恋化，让我们认为自我关照就是让自己的外表合乎审美，让自己表现活跃、能尽善尽美地做许多事。

出于这个原因，我们总是心怀愧疚，后悔在一天当中没能够思考、读书、健身、陪伴家人、应酬朋友、工作、做饭、打扫卫生、整理房间、发微博、做义工、写小说或有更好的性表现。正因如此，我们倾向于填满每一处空白，总是试图优化时间，充分利用我们的才能，一天完成一千件事。这意味着空闲会让我们觉得害怕、有负罪感。

自我关照是什么呢？是在正确的时间以正确的方式做正确的事情。不是按照标准将你一步步塑造成完美的人，而是追寻一次次探索的脚步，在稳定和变化的需求之间建立一种平衡。

自我关照意味着认清自己的位置，明确自己的目的并搭建一座通往目的地的桥梁。这不是跑马拉松，但也不会一成不变。建造桥梁的想法会让你发生改变，你建好桥梁，按照自己的速度和步伐过桥，不是一蹴而就，也不必按照某个既定节奏。

如塞涅卡所想，这是一个自己接近自己的过程，需要用自己的双腿来完成。越接近自己，就越清楚地意识到自己是多么不由自主，意识到这条路无穷无尽。既然如此，为何不享受旅途呢？为什么要狂奔疾行，让自己气喘吁吁呢？

如果说，我们要对自己的生活态度负责，那也是因为当代思想让我们难以等待，难以把握时间。时代促使我们想要成为表现优异、能力超群的完美的人，将一切纳入掌中。实际上，这与我们的旅程无关，是对于控制的渴求。自己接近自己的旅途是一次冒险，是对未知的发掘，所以必须要以合理的方式进行。不要焦虑，不要急于达到终点，因为终点根本就不存在。

想要恢复古人的生活方式，我们首先就要努力感受这种稳定与变化之间的平衡，抛弃外界的标准，寻找自身的平衡，以此作为正确的衡量准则。

除却完美的身体和完美的生活，我们要问问自己，我们是怎样的？我们感受到的知觉和情绪是什么？我们在日常生活中可以进行哪些修身养性的小举措？这好比成为自己的教皇，促使自己努力，但不会伤害自己。你现在的状态是你前进道路上的一个阶段：没有错也并不完美，它只是你正在绘制的迷宫中的一个点，象征着自然而然的困惑。文学史上最伟大的迷宫大师、阿根廷作家豪尔赫·路易斯·博尔赫斯谈到，每一个迷宫都很过分，因为它会让走迷宫的人感到困惑和惊奇，所以，迷宫是给上帝玩的，不是给人类的。

我们自己就是迷宫的地基：我们内心的道路蜿蜒曲折、相互交织，令人眼花缭乱，它们组合在一起形成的迷宫并不只有一个出口，或者只有一处守卫的宝藏那么简单。生活本身就是精妙的迷宫，与博尔赫斯在长篇小说《两位国王和两座迷宫》中的描述非常相似：一片荒漠，没有梯级要爬，没有门可开，没有累人的长廊，也没有堵住路的墙垣。

舒适与关照

不要觉得你太年轻或太年迈，以至于无法进行自我关照、无法参透内心的迷宫，这是个独立于一切的过程。在给梅内苏斯的信中，伊壁鸠鲁写道：人不会因为年轻或年迈导致无法关照自己的灵魂，只要是活生生的、愿意学习的人，都可以做到。

自我关照是身体和灵魂的双重修行，在倾听自己知觉和情感的同时，也要注重身体、智力和心理上的参与。

然而，一方面，对于外形（也包括我们自身的外形）的评判基于文化视野，而不是内心感受。身体成了人们热衷去探查和掌控的领土，却常常忽视了身体本身会影响我们的情绪状态，而个人身份应该是我们借以认识自己的独特之处。文化标准促使我们去纠错，而不是去感受自己。

由于广告、电视，特别是社交网络上传播的完美身材图像，女性对自己身体的监控和检查尤为频繁。你一直控制自己的身体，发现不符合标准或是可能会被他人评判之处便会归咎于自己，但是最开始评判你身体的恰恰是你自己。

在《美丽狂热：当美变成痴狂》（哈珀·柯林斯出版社，2018年）中，雷妮·恩格林写道，如果其他人一直观察我们的外表，最终我们自己也会这样做，从而成为自身最认真的观察者。不断问自己，衣服是否合身？是否会显出小肚子？是否能让别人看出有粉刺？头发是否一丝不乱？"社会文化提醒我们，身体正承受着观察与注视，于是我们便成了自己的控制者。"这是一种内心的执念，占用时间、精力和金钱，根植于精神空间，偷走了真正的幸福。

另一方面,自我关照的思想也与舒适有关,而且需要人们从刻板印象和条件中解脱出来。舒适的常见含义总与一些肤浅的东西有关——泳池边的鸡尾酒、大量的金钱、放松按摩等,而不是身体和灵魂的普遍状态。其实,舒适是身体上和精神上的一种良好状态,与幸福紧密相关。它是指一般意义上的良好感觉,不仅是身体方面,还包括精神、情感和智力方面。如果我们想一想舒适的英文表达——well being(耶鲁大学曾针对此开设过课程),就会觉得它真实的含义更加明确了:它是一种富饶的状态,让人感觉很好。或者用一种更哲学的说法:对存在有益①。没有人可以将你的存在简化为尺寸、维度或数字。

那么,什么是有益呢?它并不是绝对的、对所有人都适用的,而是需要商榷的,是你自己判定的。比如,你可能很喜欢做按摩,也可能很排斥这件事。你为什么会产生这种情绪呢?什么会打动你呢?没有普适的答案,这些问题只能你自己来回答。

---

① being 在西方哲学中意为"存在"。

关照与领导力

社会并不青睐自我关照,从社会上对于相关工作的态度就可以看出来。例如,一方面,不论是从社会地位还是经济收入来看,教育学家、教师、护士、社会卫生工作者都没有得到足够的重视。人们普遍认为这些是简单的工作,不需要很强的能力。

另一方面,那些重要岗位上的人——经理、政治家、金融家、实业家等,他们并不需要具备强大的关怀能力,而需要有谋略、领导力和远见。领导力和关怀看起来是截然不同的,这种想法对日常中的许多行为和情况产生了误导。

近几十年来,世界遵循着一种领导模式,在这种模式下,情感参与和人为因素并不重要,只有实现目标才是重要的。神经科学和工作环境调查表明,这种模式对于个人和集体都会产生负面影响。

几年前,我们为一家大型公司的项目经理举办了一个研讨会。起初,他们一如既往地坚称自己的业务流程是完美的,不存在内部问题。然而,随着研讨会的进行,他们开始倾诉公司的内部规定和工作节奏总是让他们压力重重、倍感焦虑。一次，他们中有个人说了一句让我们印象深刻的话，生动地描述了许多人的日常生活："我丈夫说，我下班后就像重获新生一样。"

她工作的时候就像变了一个人，深陷在快节奏的工作中，导致工作和生活极不和谐，难怪她的丈夫会如此形容她。你知道有多少人正处于这种情况中吗？你自己也是如此吗？

我们的社会越来越具有表演性，它迫使我们把自己当作高效的机器，而不是具有不断变化的节奏与特征的、应当遵循这些节奏与特征的有机生命体。表演与关怀无关，因为它代表了一种线性的外在节奏，始终只与自身相关，不考虑人的因素。

得益于商学院和研究机构收集的数据以及研究结果，许多公司开始意识到这一点，根据工作团队中员工的情绪、愿望和才能开发新的领导模式。这不仅适用于人文领域的工作，尤其适用于科技领域：结果本身并不能为我们正在共同进行的项目赋予意义；完成某件事的责任也不能代替人们对于工作的参与。

因此，不能说领导力和关照是两码事，事实上，如果想将领导工作做得真实、稳定、张弛有度，就必须关注员工，关注他们的情绪状态。关照的价值是不可忽视的。

良心检测

你了解部分自我关照的练习，因为它们已经为天主教文化所吸收，但这也改变了它们的意义和方向。例如，毕达哥拉斯学派、苏格拉底学派、斯多葛学派和伊壁鸠鲁学派都会进行良心检测的练习，其目的是让人们关注当天的行为和意图，以便更好地了解自己旅程的目的和行进的最佳方式。

今天，我们错误地将这个练习与识别、宣判罪责联系在一起。正是出于这个原因，复原这个练习非常重要，要将它恢复到原先的价值，消除罪恶感的色彩。

请你每天晚上都进行良心检测，目的是验证一天的行为在多大程度上符合你选择接受的生活规则。你不会通过这个练习赢得什么，也不会失去什么：这只是一项观察。从本质上讲，这是在从头到尾地回顾我们白天遇到的不同情况。

上床睡觉前,问一问自己:"今天你改善了哪些不足?纠正了哪些恶习?在哪些方面有所提升?"同时,反向回顾自己的行为,从结束到开始。在本子上写下你意识到的具有重要心得体会的时刻。良心检测是一个重要的工具,可以帮助你了解和复盘自己行为的原因和目的,也可以帮你找到你在人生旅途中的定位。良心检测练习好似一个指南针,能够帮助你保持清晰的路线,因此至关重要,而世上的其他人似乎都在盲目而疯狂地奔走。

你不需要每天晚上都领悟到重大的真理,只要在自我实现日志中记录下重要的时刻就够了,即使你可能还无法赋予其意义。时间是一团缠结在一起的绳索,你可以每次从头到尾地整理出一条线,也就是一日。时间线就是无数岔口的合集。

面对岔路,有些人害怕了,停下来往回走,还有些人做出了选择,向左或是向右。而我们则提出了美国著名棒球运动员尤吉·贝拉的观点,他说:"如果你遇到岔路,就向它走去。"这并不容易,走上岔路意味着尽可能地与世界保持联系,不迷失在路线之间,处于绝对的是与否之间、赞成与反对之间。岔路不仅仅是两条路的叠加：对于那些想要更多生活内容、愿意更加努力、花费时间进行探索的人来说，岔路是一种条件。最重要的是，走上岔路意味着让自己享受爱上一切的奢侈，同时又不放弃辨别能力。选择与不选择，不必屈从于生活强加的二选一，要走出这个困境。问题在于是否选择，而不是在两者之间做出抉择。

你现在要怎么做呢？

如果选择走上岔路，请读第 10 章。

如果你选择向左或向右，请读第 6 章。

第4章
和谐管理：生命的短暂与节制

有一本几个世纪前的书，描述了向着未来的目标奔跑是件多么虚幻的事。书中认为生命是短暂的，只有老了才能休息。

不用担心自己看不懂拉丁文名著：吕齐乌斯·安涅·塞涅卡的《论生命之短暂》通篇文字通俗易懂，甚至有些口语化，书中讲述了一种我们这个时代几乎所有人都认同的情况。

这位斯多葛派哲学家在公元49年写下了这本书，

正值他从被流放的科西嘉岛返回罗马的时候。他在书中表达了对同时代人生活方式的厌恶之情。在写给庞贝·保利诺的这封长信中，话题起始于大多数人都在抱怨的生命短暂到没有时间休息或做任何想做的事。这听起来是不是有些熟悉？

塞涅卡反驳道：并不是我们拥有的时间不多，而是我们失去的时间太多。

人生的重点不应在长度，而应在深度，但我们往往把时间和精力浪费在无关紧要的事情上。我们把名声、闲话、短暂的职务、权力或事业看得很重。你可能会觉得《论生命之短暂》中的内容离我们很遥远，因为所描述的是古罗马的元老院议员和伟大的作家，但塞涅卡似乎又在描述我们的世界，那些发生在别人身上的、同时也是我们自己正在经历的现实。

人们眼中的古罗马人的生活是理想化的：他们穿着皮制拖鞋走在鹅卵石铺就的罗马街道上，每天对政治发表高论，生活缓慢而富有诗意。然而，这位哲学家告诉我们，那个时代最有特权的自由人——就像他自己，实际上并不幸福，而是为他们自己的身份所奴役。他向我们展现了一个常年忙碌的人的形象，总有事务需要完成，被职责和承诺缠身，不断推迟放松和空闲的时机，他们只会说："我有太多事要做，不能停下来，等我退休了或许可以休息一下，但现在不行……"

这种情形几乎一成未变：时至今日，我们依然在推迟娱乐、休息和进行自我关照的时间（等退休我就能休息了，等孩子长大了我们就能去旅游了，等我不工作了我就能专心读书写作了），仿佛生活是一条我们可以控制的直线。但是，对未来的掌控其实是一种幻想，我们不知道未来会发生什么，因而推迟了娱乐和休息的时间。文化带给我们这种幻想，让当下变得贫瘠，取而代之的是疲劳和汗水。

我们自欺欺人地认为，可以把那些该做的事都欠着，等到退休之后再一并补偿，但这意味着你失去了生活。错过的瞬间已无法追回。要好好利用当下，时间是不能累积的，好好利用当下不是说从不休息、不断优化时间管理，而是要有时间进行自我关照，去接近自己。"在生命要结束时才开始生活，岂不为时已晚！"塞涅卡写道，那些明智的决定，那些我们真正想要做的事，应该立刻就做，而不是推迟到生命的尽头，甚至不知道是否还有命去做。

塞涅卡认为,"如果好好地、完整地利用时间,我们的生命就有足够的长度去完成伟大的事业。但如果我们放任时间流走、荒废时光,或者没有把时间用在有益的事情上,那么我们最终不得不意识到,时间已经在不知不觉中逝去。因此,生命并不短暂,而是我们使它变得短暂了;时间并不贫乏,它充裕得很"。

对于能够好好管理时间的人来说,时间是广博、深远而充裕的。那么如何才能管理好时间呢?我们如何才能成为优秀的时间管理者呢?

生命的意义

我们要有一个目标,让我们能够感受到正在做的事情有什么意义,让我们能够感知正在绘制的迷宫。我们认为生命短暂,从而把它当作一条直线,事实上并非如此:生命不是一条笔直的轨道,而是一步一步构建的迷宫路径。因此,不要一味奔向目的地,而是要感知这段旅程的意义。这就是为什么丰富而幸福的生活不一定要活得很久,而活得很久的人也不一定幸福。幸福的生活是对经历者有意义的生活,因此,不一定非要获得广泛认可，或是有丰富的经历或丰厚的收入。充实没有客观标准，而是取决于人们与其身份的和谐程度。

根据塞涅卡的理论，幸福的生活要有深度，不能流于表面，这意味着我们要为生命找到超越外在条件的存在意义，这在今天尤为重要。当下，我们的时间都是根据集体逻辑安排的，被精准计算并列成计划。我们把时间花费在上网、寻求肤浅的刺激和进行无用的闲聊上。我们为什么要这么做呢？为什么要在无益的工作上浪费时间和精力呢？

当今，他人的注意力是世界上所有公司（从跨国公司到小企业）都在争夺的巨大财富。出于这个原因，人们不断使用和开发神经营销学手段和技术来吸引你的注意力，通过网络、电视以及书籍进行传播。你的注意力是一种极其宝贵的资本，它每天被无数事务占据。这些事务能给你带来即时的满足——刷社交网络的时候感觉自己正在做事，即使实际上你只是被动地浏览——但从长远角度来看，这会让你感到沮丧和无力，因为它们无法给予你正在寻找的东西，也无法给出生命意义的答案。

千百年前的塞涅卡想要告诉我们的，换句话说就是：如果你想要过有意义的生活，就要摆脱人生苦短的焦虑，问问自己真正关注什么。"注意力是最稀有、最纯粹的慷慨。"西蒙娜·薇依写道。

你每天的注意力都放在哪里？

你有为空闲和自我提升留下了多少空间？

你有多少时间用于提高智慧和学识？

把这3个问题写在你的《自我实现日志》上并如实作答，没有人会去检查，也不会有人责备你。不要害怕，我们只希望你对自己坦诚。虽然，如果塞涅卡能够和你说话，他大概会说："你只留给自己这么一点时间来思考自己的存在、提升自己的智慧，这点时间短到什么都干不了，你不觉得羞愧吗？"

如何度过生命中的时光

物理学家卡洛·罗韦利经常强调，我们感知时间的方式与科学无关，它是一种来自文化、习惯和时代精神的人类感知。例如，古希腊人感受时间的方式完全不同，并且有一些相关的专用术语：线性时间；点时间——基于用作参考点的事件；末世论时间——从结尾回顾整个过程并赋予其意义；关键瞬间——可以看到和抓住的单个瞬间。

时间影响着我们在世界上的存在方式，影响着我们安排事务的先后顺序、日常生活和所讲述的自己的故事。时间对于我们来说总是短暂的，在今天，这种感觉尤为强烈。再强调一次，是社会现状给你的个人生活带来了不适，而你寻找生活意义的困难之处在于，这是一个表演型的社会，需要许多成果，这种需求往往会成为商业产品，而不是真正的精神食粮。

在当今社会，表现焦虑是一种集体性的问题，我们需要全力奔跑来应对生命的短暂，这成为当下的社会常态。但随着时间的推移，这非但不能使我们放松，反而越来越令人窒息。我们看待生活的方式受到他人做法的影响，也直接或间接受到教育的影响。当我们还没有学会说话时，就已经被问到长大后要做什么，随着时间的流逝，这些问题变得越来越迫在眉睫。

我们规划时间和生活的方式几乎不取决于自己，而是在很大程度上取决于社会对我们的影响。但如果这样能带来自由的感觉，我们就不会觉得是在无关紧要的事情上浪费了精力。我们始终要对对待自己的方式负责，也要对我们的注意力负责。

现如今,时间才是真正的奢侈品。

与塞涅卡的时代相比,我们的生活更像一场持久的奔跑,原因在于,我们从小就不得不将时间优化、填充、资本化,空闲的时间是没有价值的。然而,我们获得的时间应该是自由的时间,而不是被填满的时间。永远没有机会喘口气,总是纠缠于很多思绪、待办事项、职责和要求,这是什么感觉?

要说明的是,当写到这里的时候,我们首先想到的是我们自己,多年来共同建立的生活、创造的东西和已经获得的美好成果。但是这些——包括正在进行的写作——也在占据我们的时间。另外,写书不是为了解释某件事,而是为了理解它,为了对自己坦诚相待,同样的情形也发生在我们与你手上这本书之间。所以我们不想教给你什么,而是想促使你进行自我教育,让你扪心自问,让你明白创造出空闲时间是多么容易。

那些个人发展从业者总是给你提些建议,以帮助你提高目标,这些建议包括早上 5 点起床,尽量少睡觉,一年工作 365 天,尽可能多地做事以赚更多的钱。你可能从来没有真正相信过,但你内心可能会想:看看你本应该怎么做？看看你因为懒惰错过了多少东西？

"超负荷工作是正确的，其他一切都是错误的"，这是一个巨大的集体性错觉，然而它不断被强调，让无数人感到内疚，让他们觉得自己有问题，因为自己工作不够努力，也没有上进心。但据我们了解，那些具有所谓正确的时代特征的人，即善于沟通、思维敏捷、具有强大的实践意识和工作能力的人，他们不一定比没有这些特点的人更好。相反，我们认识的许多有影响力的人、许多网络红人、领跑者和成功人士，他们虽拥有所有的这些正确特征，却因此陷入一个巨大的牢笼：正如塞涅卡书中描述的奥古斯都和西塞罗。这也是为什么我们永远不应该根据社交媒体上看到的内容，或是根据某人的自述来判断他的生活。生命的意义不能被货币化，也不取决于关注者的数量，它取决于自己接近自己的过程。

活跃的生活和沉思的生活

古罗马的占卜者在预测未来的时候会这么做：用一根棍子（lituo）在空中画出一片空间，观察里面鸟儿的飞行轨迹。他们在那片天空（他们称之为"圣地"）观察到的东西是未来在当前的呈现,是无限的有限化,是赋予无意义以意义。这片空间里发生的事情成为对更高意志的描述,成为指导未来的神谕。观察那里的景象(通过圣地进行观察的行为)是一种沉思。

古代的祭司们将无限的空间有限化,这启示今天的我们,要接受来自更高层面的信息——发展想象力、灵感和创造力——我们必须要通过读懂世界来划分我们内在和外在的表现空间。因此,重要的是要学会沉思,换句话说,就是将难以理解的地方变成可以理解的地方。

在古希腊和古罗马文化中,在活跃的生活和沉思的生活之间找到平衡是进行自我关照的必要条件,而这两个方面必须泾渭分明。然而,我们所在的世界把全部的重点都放在活跃的生活上,以至于沉思的生活可能只会成为每天利用空档时间来完成的任务,而不是一种完全不同的生活方式。正如哲学家韩炳哲所定义的那样,我们生活在一种被迫行动主义的状态中,甚至沉思的生活也被包括在内,被当作一件要去做的事情、一项要完成的义务。

然而,哲学诞生于自由的时间(scholé),古希腊人将其称作不受约束的时间,这是一种用来培养智慧和节制（sophrosyne）的自由状态。今天，我们的生活中几乎没有这种空闲时间，这不是起因，而是人类由理解生活而产生的生活方式所带来的结果。人们认为生活的本质就是生产、工作、积累越来越多的财富，沉思是懒惰的表现，是多余的。

古代哲学家对空闲时间的概念基于一种遥远的、我们现在难以理解的生存模式，我们也许会认为这是懒惰和效率低下的表现。实际上，沉思的生活并不是不活跃的生活，而是致力于回忆、聆听、冥想、思考人生意义的时间，我们在这段时间里可以收获人生的意义，找到自己的爱好，明确想要追寻的方向。举个例子，比如你在写日志的时间。如你所见，写作是进入这种状态的一种简单方法。事实上，这是另一种意识状态。

培养沉思的生活，创造这个看似空虚的空间，就意味着自我关照，不让自己被活跃的生活占据所有的时间和精力。两种生活没有主次之分，而是要找到一种平衡，一个恰当的衡量标准。活跃的生活应该为沉思的生活服务，而不是相反，正如我们开展的项目和培养的人才应该为爱好服务一样。

无聊与创造力

除了表现之外，当今社会也非常重视创造力。社会却并未留给我们时间去培养能够带来真正创造力的空间：无聊。"无聊是孵化经验之蛋的魔力之鸟"，瓦尔特·本杰明说，这种孵化需要时间、等待和空间。

如今我们并没有这种空闲时间，无聊甚至让我们感到害怕。伯特兰·罗素早在 1930 年就已经预料到了这一点，他写道，不能忍受无聊的一代人，将是平庸的一代人，所有生命的冲动都会凋零。当我们感到无聊时，就会寻找分散我们的注意力的方式，让自己保持活跃，但这就使我们无法拥有安静的时光。心理学家亚当·菲利普斯将其定义为"悬置预期"，在这个状态下，我们什么都没有做，什么也都没有发生，但我们在观察，在看即将会发生什么。此时我们也许会体验到奇迹，或者只是简单地感到无聊，但此时我们并非因为害怕浪费时间，而在沉思。这里有个悖论：我们认为时间是我们拥有的唯一的东西，我们坚信，要以最佳方式使用它，必须对其进行优化，于是我们把时间消耗殆尽，还浪费了它们。然而，空闲并不是浪费时间，等待也不是。相反，放空是我们唯一的途径，让我们发现那些在活跃生活中没有生存空间的事物、那些我们感觉不到的情绪和那些我们没有注意到的情感状态。无聊让我们了解自己的真实面目，也许这就是我们害怕它的原因。

时间经济不应与资本化挂钩，而应当与自我管理以及和谐管理有关。要和谐地管理自己的时间和生活，就得把空闲时间看得尤为重要，有创造力的人更应如此。空闲对于创造力来说必不可少，而我们只有感到空虚时才会无所事事。我们不应该强行去做某件事，而应该遵循身体、思想、灵魂给我们的指示。我们应该了解，学会在活跃的生活和沉思的生活之间创造一个平稳的过渡，是一种美德。

节　　制

那些不能停歇的、总是有许多事情要做的人，和那些一事无成的人面临相似的处境：他们是两个相反的极端情况，但在这两种情况下，人们都很难找到恰当的衡量标准，这是古希腊人最重视的美德，但现在的我们已经丢失了这种美德。

古希腊人称之为节制（sophrosyne）。正确的衡量标准不是我们行动的时间和思考的时间之间的算术平均值，而是一种永远处于更新状态的平衡，它永远不会固定下来，而是会在旅途中不断变化，我们应该学着去感受它。

如朱利奥·焦雷洛在《红衣主教美德》中所写，几个世纪以来，艺术作品中对于节制的形象表达经常是田园风光、蓝天、安宁与平衡、娴静的女人把水从一个水囊倒向另一个水囊。如果我们总是在无数的事物中挣扎、总是匆匆忙忙、总被呼来唤去、经常受到负面情绪的影响，又怎能从这样的图景中看出自己？实际上，节制不是冲动和情感的升华，而是一种生动的、具体的、永远处于更新状态的平衡，就像诞生出人类的那片广袤深邃的海洋一样。

节制的字面意义是混合，它的词源是 tempus，即时间。因此，节制并不是要抹杀一个人的特点，或是隐藏一个人的欲望，相反，它意味着构成我们自身的所有元素的融合体：我们的特点，我们活跃的生活和沉思的生活，我们的情感，我们的欲望。在自我关照过程中，培养节制不是要控制，而是要融合。要意识到我们有无数的特点和个性，这并没有错，没有什么是要被压抑或消灭的，只是需要对它们进行管理。

找到属于自己的"食谱"

今天我们将自我认知放在首要位置，不再记得、也不再打算修养自身和节制，是因为在过去的几千年里，我们发展的是荣格所谓的"认知一神论"。我们坚信"我"只有一个，必须清晰地认识到自己那个永远不能改变的形象，这使我们感到不和谐，感到沮丧，感到不能够表达出我们内心的一切。

在古代文化中，描述人类特征的工具不会被视为可被归类的表格，而是描述共存于一个人身上的不同类型能量的光谱。每个人都有主导特征，但目的是能够观察自己内在的所有能量并对它们进行协调。正是出于这个原因，继续荣格深度心理学研究工作的詹姆斯·希尔曼谈论到心理学多神论和回归古希腊思想的必要性：古希腊人创造出希腊诸神的形象和故事，是为了告诉我们人类的特点，这些特点都是你的一部分，是你平日里更换的衣服，也是你内在的能量。而今天我们只会认为我们只是战神阿瑞斯，或者只是美神维纳斯、宙斯、赫尔墨斯。但是，如果每个人都是所有这些特点的融合体，那么所有的神都共存于我们心中，经常发生争吵和战争。你理解了这种情况后，就能够不让某个神占据上风，即不让某个特征垄断我们的生活。因此，要培养节制的美德，就要调动所有的特点，不能有所隐藏。节制意味着创造流动性和重新寻找平衡，多去少补。

要控制和辨别一个人的激情，首先要了解激情是什么。如果你想要根据斯多葛学派的哲学家，如爱比克泰德、塞涅卡、马可·奥勒留的建议节制食欲，就得先学着了解他们。换句话说，你要在火焰燃烧的时候去控制它，既不让它熄灭，也不让它烧毁其他东西。但如果你把火焰熄灭并说是你控制了它，那说明你将生活变得寒冷、干旱且毫无生机。

自我管理不是自我抑制，而是引导，比如我们之后会讲到的柏拉图的有翼战车神话中的车夫角色。对于想要过上富饶的、有意义的生活的人来说，自我引导是一项必要的任务。

哲学中总谈到对于激情的控制，不过这种想法经常被认为是一种监察或是压抑，但实际上节制是要求我们在自己的每一部分之间、在行动和沉思之间找到平衡，给一切找到正确的时间，给自己的每一部分都留出空间。在生活中，我们可能想要独处或与他人在一起，我们可以学会不上瘾地享受、不着迷地工作，让活跃期与沉思期交替进行。

基督教文化汲取了哲学中关于节制的思想，用以描绘通往美好生活的道路。但哲学方法和宗教方法的区别在于，哲学促使你自问什么才是好的，而宗教则直接给出了确切的指示。哲学家会想：此刻，什么是对我有好处的？没有规则可以遵循，只有问题需要扪心自问。某件事不一定对每个人都有好处，它带来的好处的程度对每个人也不一定一样，更不一定在你生命的每一刻都对你有好处。何为善，何为恶，哪些有价值，哪些要远离，这些都要由你自己来感悟。

什么样的人才是节制的呢？那些拥有强烈激情却又尽量不被其所支配的人。比如，古代的哲学家们从不缺少激情，从书中可以看出他们的烦恼、愤怒和情绪化。不是说要做一个充满激情的人，我们就不去管节制的问题；相反，我们要将这些激情深深地吸收进来，不浪费自己的能量，对它们进行引导，面向一个明确的方向集中我们的能量。

自我管理也意味着控制欲望,避免能量分散,限制某些方面以助长另一些,让能量保持一种持续或流动的状态。这是一种识别风向何时变化的能力,就像伯特在玛丽·波平斯系列童话中所做的那样。因此,它不是一个数学公式,而是一种美德,一种每时每刻都在寻找平衡的艺术。它需要有一个目标,赋予这段旅程以意义,让我们享受旅程,同时也不会迷失自己。

葛吉夫①是一位不同寻常的亚美尼亚哲学家,同时也是舞蹈大师。他认为人类要么是疯子(过度活跃的、固执的,有控制一切的执念),要么是流浪者(无序的,没有明确的方向)。人类有一种可能的进化方向,即居住者(obyvatel),字面意思为家庭好父亲(如同弗朗哥·巴蒂亚托在献给这位亚美尼亚神秘主义者的歌曲《和平咖啡馆》中所唱的那样)。在俄语中,"居住者"这个词经常被用来表示蔑视或嘲笑,因为它所描述的是一个不够特别的人,一个有常识的好人。

一个有常识的好人就是一个普通人,眼界有限但十

---

① 乔治·伊凡诺维奇·葛吉夫(George Ivanovich Gurdjieff),希腊-亚美尼亚裔哲学家、作曲家、作家、舞蹈家等。——编者注

分清楚自己在做什么。他可能会不断地迷失方向，但又会重新找回自己；他不会一味狂奔，但也不会停下。他会遵循着自己的脚步，以他自己感受到的和谐的方式继续自己的步伐，同时保持稳定和运动。

行　走

在阅读本章的过程中，你可能已经在你的《自我实现日志》上写下了一些东西（我们希望如此）。那么现在我们来进行一些体力活动，因为哲学毕竟是无法脱离身体的。

现在让我们穿戴整齐，出去走走。合上书，不要听音乐，也不要看手机。当你走出家门，开始行走的时候，尝试去寻找你自己的步伐，别的什么也不要想。尝试一下加速和减速，一开始很慢很慢地走，之后再一点点加速，直至找到你自己的节奏。当你找到节奏的时候，尽可能地多往前走一段距离。有时你可能会失去节奏，会减速或是想要提速，接受这些变化，尝试在稳定和变化之间找到平衡。在进行练习的时候，你要提醒自己，你所行走的地方并不是枯燥乏味的，而你正好可以借此机会像首次到来一样好好观察一下这个地方。

当你觉得已经在走路的过程中找到了节制的感觉时,回到家并重新打开这本书。这种找到节制的感觉与我们在生活中寻找平衡时的过程差不多。

这个练习的意义何在?试着摆脱焦虑,深入生活,意识到节制不是升华,而是一种生理上的东西、一种你可以不断发现的正确方法,它让你放下追逐的目标和渴求的收获。哲学家弗雷德里克·格罗斯写道:"行走不是一项运动,将一只脚放在另一只脚前面是孩子们的游戏。当你走路时,产生不了什么结果或数据。步行者会告诉你,他走了哪条路,哪条路上能看到最好的风景,从某个特定的海角可以欣赏到什么样的景色。"

阅读并非一项运动,它是从隐喻和字面的双重意义上解读字符的艺术。现在,你要选择将要去哪一章。

从第6章,或是从第12章开始。

第5章
小我的无限多样性：
自我认知

不管怎样，我们还是不能忘了自我认知。

从出生起，我们就被告知，每个人都是一个独立个体，一个不可分割的整体，认知和意识必须始终与自己保持一致。然而这只是一种错觉，"灵魂论"对此已经讨论了数千年，而现在生物学和神经医学又给出了更多的数据佐证。人体平均由37万亿个细胞组成，每时每刻都有老的细胞死去，同时也有新的细胞诞生。因此，即使是在简单的物质层面上,也很难想象人是一成不变的。想想看,表皮细胞大约每4个星期就能完全更新一次,而红细胞大约每4个月更新一次。

在心理层面上,也不可能存在一个统一的、坚如磐石的自我。我们无法总是与自身保持一致,能够在生活中清醒地做出每一个决定。我们并不真正知道自己是谁,因为我们自欺欺人地将自己当作一个整体,但实际上我们是一个集合体。每个人都集自我、需求、欲望、目的、愿望、局限于一身。

有一种说法:我们的内心深处有一个真实的存在,即真正的自我,我们可以与它沟通,以此来获得行为的指引。这只是一种理论,我们不知道它是否存在,也不知道如果它确实存在的话,是否可以用科学实验来证明,但我们的确能够感受到它的存在。这可能是一种错觉,但这个深深植根于每个人心中的想法是非常有用的。正是因为有这种感觉,才能有精神上的体验,才能构筑人生之路。当我们发现自己将要步入歧途时,正因为有这种感觉我们才能及时改变方向。然而,不能忘记的是,迄今为止,唯一被科学证明的事情就是人类非凡的多样性:我们内心不只有一个自己,而是有很多个,我们做过的事，与我们记得和复述出来的版本有很大不同。

著名的哲学家、认知科学家丹尼尔·丹尼特认为自我是叙事的重心，是一部"被赋予了意义和统一性的'小说'，如果不赋予它这些东西，它就只是一堆烦琐的行动、话语、渴望、牢骚或承诺等，这些是组成人的基本元素"。自我是一个虚构的人物，他通过讲述自己的行为，能够吸引和整合思想中的各种元素。如果我说记得自己曾经到过巴黎，是"我"记得这件事，而不是我的大脑和我的神经突触；如果我说谎了，是"我"说了谎，而不是我的嘴和我的声带。存在一个"我"，对我的身体、我的言语和我的思想负责，即使这一切都不出于我的本意，或者当这样做时"我"并不受自己控制。

然而，为了能够识别和讲述自我的行为，我们必须只选择那些能够保持和稳定自我形象的东西，从记忆中抹去那些会使我们"分裂"的东西，这是我们一直在做的事。

从表面上看，每个人都是一个个体，但实际上"我"并非如此。当你观察某个人时，你会对他产生第一印象，你认为他具有某种特性，有具体的品味和倾向，有明确而稳定的性格，是一个单一的人。但是，目前我们更加清楚地认识到，没有人真的只有一个自我。我们总是为一时上头的欲望、冲动和感觉所困扰，它们瞬间控制了我们。在这个世界中，我们必须要坦白所有的事情，所以不得不直面自我的多样性。

想象一下，你的内心有一个主控室，你在那里与自己的内心进行对话并做出重要决定。但那里从来都不是只有一个"你"在进行分析和抉择，而是有很多个不同的"你"来来往往。不同的"你"之间通常是不兼容的，他们无法达成共识，甚至彼此都不认识。

因此，你的生活并不是仅仅受到单个指令的引导。卡洛·罗韦利在《黑尔戈兰岛：理解量子革命》中，通过物理的角度巧妙地讲述了人际关系如何影响了整个世界（物质世界和非物质世界）。政治、社会、文化和精神生活中的所有进步都要归功于人际关系。罗韦利本以为自我是自由的，每个人的自我都不同，但通过研究神经科学和量子物理学进行反思，发现人其实深深陷入了一环套一环的人际关系网。

"我"本质上是一个复杂的系统，需要许多相互依赖的功能模块进行协调运作，包括感知、记忆、情绪、身体机能控制等。正因为不同模块之间的相互作用，对那些不断新增和日益复杂的问题，我们才能做到见招拆招、对症下药。换句话说，多亏了心理的多样性，我们才能从容地应对世界的挑战直至现在，并且还能继续生存下去。

20世纪初，俄国数学家、哲学家彼得·邬斯宾斯基①在其老师葛吉夫的理论基础上解释道：人类不存在一个独立的大"我"，而是由无数的小"我"组合而成，这些小"我"之间几乎没有关联。其中一些小"我"彼此敌对，不允许对方获得决定权。我们的身体里有一个"演讲者"（伦敦海德公园的一个专门空间，任何人都可以在星期天早上登上舞台并发表公开演讲），每次我们说到或想到"我"的时候，所指的"我"是不同的，是那个正在我们心里登台演讲的"我"。而且，与在海德公园演讲的状况不同的是，前者只在星期天有演讲，而后者的情况在每个重要时刻都会发生。

每个"我"都相信自己是全部的我，是那个有着我的名字的独立个体，因此他会做出承诺和决定，会认同或否定另一个"我"或作为一个整体的我所做的事。邬

---

① 彼得·邬斯宾斯基（Peter D. Ouspensky），著有《伊凡·欧索金的奇异人生》《第三工具》等。——译者注

斯宾斯基说，由此可以解释为什么人们做出许多决定，却常常很少能推进下去。你是否多次遇到过这样的情况：胸有成竹地做出决定，相信没有什么能阻碍你履行计划，但过了一段时间又发现自己把先前的计划全盘否定了？

让自己的内心有序化

你内心的一群小"我"会联合起来推动你做出一些决定，比如学习一门新的语言、尝试一种新的饮食方式、培养一种好习惯，但是当所有的动力都消失后，这些计划就不了了之了。

我们在进行体育锻炼的时候经常会发生这样的事：某些早晨，一群小"我"会鼓动我们开始一项新的锻炼，或者在下午的时候去跑步。然而几个小时过后，这群小"我"在指挥我们的过程中渐渐累了，而一群更强势的小"我"掌控了话语权，又把我们带回原来的习惯，有时甚至会对那些想要锻炼的小"我"进行审判。

有时候也会发生这样的情况：由于一部分的"我"暂时取得了话语权，我们发现自己走的道路完全违背了我们的目标和对世界的看法。人们许下诺言、离开或留下、结婚或分开,受某一刻出现的"我"的影响,人们做出了重大决定,最终对其他所有"我"的整体存在产生影响,而那些无辜又无能为力的"我"会被迫屈服于之前那个"我"所做的"邪恶"选择。那个小小的"我"之所以可以如此残酷地影响我们的存在,正是因为我们误认为自己是一个单独的个体。

邬斯宾斯基写道:人们穷其一生,只为偿还那些偶然出现的小"我"带来的孽债。这与罗伯特·穆齐尔的话相呼应:"长大以后,很少有人知道他们最终如何能找到自己、找到真正的快乐、找到对世界真正的认知、找到他们的妻子……有些东西像黏蝇纸一样挡在了他们面前。"

如果你多年来——或者一生——都在因为内心的矛盾和举棋不定而责备自己,并且认为这只是你自己的问题,别人好像都知道该怎么做,那么你现在应该认识到,这属于人类的结构性特点。就像那些会导致我们做出错误判断的心理效应一样,如认知偏差。这并非是一个无法解决的问题。事实上,个人自我实现的过程就是为了解决这个问题,但首先我们必须对此有所认识。

有两个神话故事:葛吉夫的马车神话和柏拉图的有

翼战车神话。在这两个故事的描述中，个人的生活如同一座没有主人也没有负责人的房子，整座房子为那些小"我"，即房子里的佣人所占据，他们完全忘记了自己的职责：没有人去做自己应该做的事情，每个人都试图成为主人。即使只有片刻，在这种无秩序的状态下，这座房子的安全也会受到最严重的威胁。

如何应对这种危险呢？如何在各个小"我"之间建立和谐、健康、有创造力的氛围呢？

葛吉夫的马车

根据葛吉夫的说法，人类常年生活在"睡眠状态"中，也就是说，他不了解自己，也不了解支配着他所生活于其中的世界的力量。他不会决定自己生活的方向，只是受着本能和身份的支配；真正的目的并不存在，生活只是发生在他身上的事情。尽管葛吉夫的作品总被认为是神秘和深奥的，但他在20世纪上半叶所说的这些话与当今许多科学家，尤其是那些研究大脑、情商和理性的科学家所说的并没有什么不同。

在《现实世界的风景》一书中，为了解释支配人类的复杂动力以及我们无法和谐发展每种意识的情况，葛吉夫使用了马车的形象：车身代表身体，拉车的马象征着情绪和欲望，车夫代表理性思考，他引导着马车前进，而乘客，即"我"指引着目的地。

为了让马车能够向着既定方向行驶，所有这些部分必须相互配合并且服从管理。葛吉夫告诉我们，多年来，马遭受了太多的殴打和责骂，以至于现在它们的眼睛和注意力只放在感官的满足上：当我们总是审视情绪和欲望，而不去倾听它们时，就会发生这种情况。情绪和欲望是无法选择的，只能被听到：我们无法决定什么会让我们兴奋，只能决定是否把这种情绪表现出来。如果不去倾听情绪和欲望，而认为它们完全是错误的，最终的结果不是从它们当中解脱出来，而是认同它们。不经考虑的压抑反而会放大情绪和欲望，使我们对它们更加认同和沉迷，从而无法去选择真正的道路。

乍一看，车夫似乎是唯一知道要去哪里的人，实际上他代表了我们的头脑，能够处理数据和控制行为，但不能感受情绪，也不能做出选择。每个部分都是相互依存的，而人的内心深处，缺少一个知道要去哪里的乘客。占据那个位置的"我"，实际上是不断轮换的，因此，事情最终都会发生在我们身上，也就是说，外部世界完全影响着我们。

因此，我们的存在是为偶然所决定的：做着偶然找到的工作，与偶然遇到的伙伴一同消磨时间；或者说，我们的存在也是由社会动向决定的，这导致我们发展出了虚假的个性和身份，我们的形象并不是真正由自己建立起来的，而是由生长的环境、受到的刺激、身边的媒体以及社会的操控联合作用形成的产物。

如此，这驾复杂的马车始终行驶在光滑的柏油路上，我们已经熟知了这段旅程，因而觉得它乏味而单调，就像火车总是在同一条轨道上以最低时速行驶，而不是在自己绘制的迷宫中迂回行进。葛吉夫认为,人类具有减震的能力,可以支持马车在泥泞的、崎岖不平的道路上行驶,但这种情形无法实现,因为没有人知道如何驾驶马车。一个人本可以去冒险、去探索未知,他的马车却静静地停在门外的院子,他存在的意义只是等着被开发。正是出于这个原因,人们对生活缺乏意义的状况感到不满和沮丧。

这和古代哲学家所说的相差无几:我们的身体很复杂,每天都需要进行锻炼和练习(在崎岖的路上行驶),但是由于懒惰,我们无法发挥出全部的精力。我们总是抱怨生命的短暂,却没有意识到有许多精力在原地打转中被浪费掉了。葛吉夫的这些话与塞涅卡1000多年前所写的极为相似:"人类处于睡眠的状态中,他的意识也是模糊的、昏昏沉沉的,不知道自己是谁、不知道自己行为的目的。他只是一台全自动的机器,等待所有事情自然'发生',对自己的思想、情绪、想象力、注意力没有丝毫的控制;他相信自己有所爱、所恨、所欲、所求,却永远不知道这些像流星一样有着忽然出现又忽然消失的冲动,背后的真实目的究竟为何;他说着'我是''我做''我想',相信自己真的拥有一个单一的自我;他自以为可以主宰生活,结果却像一个木偶,为自己忽视的力量所支配;他在无法逃脱的主观世界中虚度光阴,不能区分真实与想象,耗费精力去追逐无用的东西;偶尔,他意识到自己并不满足,因为生活在溜走、机遇被浪费。"

马车的每一部分都是相互连接的:车夫和马匹之间有缰绳,马车的各部分之间有轴承。人类是一台完美的机器,我们却不知道如何驾驭它。事实上,乘客对他想去的地方只有一个模糊的想法;车夫不知道具体路线;马不够驯顺,无法听从指挥朝着(假定的)方向前进;马车又会时常发生些磕磕碰碰。也就是说,缺乏一群稳定的"我"来指导人生路程;我们的头脑是混乱的,不知道如何运用智慧和逻辑来实现"我"的群体所表达的意志;我们无法意识到,也无法控制我们的情绪和感觉以及我们选择的动力和方法;而最后,我们的身体由于缺乏训练,不具备充分的感知能力。总之,葛吉夫从各个角度为我们描述了一出闹剧,而我们是身在其中却不知情的主角。

如果说丹尼特的叙事重心旨在统一和解析心理与情感,那么葛吉夫所说的,是创造一个永久的重心,正如弗朗哥·巴蒂亚托所唱的那样,让我"对人和事的看法再不发生改变"。这是一个目标而不是开始,也许会需要大量的工作去实现它。我们初始的情况是分裂的、优柔寡断的,无法管理每个部分,正如有翼战车的车夫。

柏拉图的有翼战车

可以肯定的是,葛吉夫在描述马车的形象时,一定受到柏拉图在《斐德罗篇》中所写的有翼战车神话的启发。柏拉图选择通过想象来讲述灵魂的本质,因为需要有超脱的能力才能对灵魂进行定义。因此,他请我们将灵魂想象为由两匹有翼马和一个驾驭它们的车夫组成的整体力量。

虽然诸神的马匹和骑士都是善良而有教养的，但对于人类的灵魂来说，两匹马中一匹高贵善良，而另一匹则恰恰相反。因此，这驾战车行驶起来是有困难的。

在此要解释一下神的灵魂和凡人的灵魂之间的差别：神的灵魂在更高的层次管理着世界，他们观察世界，却不会被其影响；众神们走向天穹顶，那些景象和演变甚至是人类灵魂无法领会的。在这个神圣的旅途中，人类的灵魂跟随着神的灵魂，但随后他们失去了翅膀，不可避免地坠落下来，落在了坚实的土地上。他们拥有了泥土做成的身体，成了真正的人并开始繁衍生息。而柏拉图想讲述的是，人类为什么会失去翅膀。

翅膀的作用是提起重物，让它们能够接近神所居住的地方。灵魂在本质上是神圣的，而为了保持这种神性，需要以美丽、智慧、善良和美德进行滋养，以此尝试跟随神的脚步。如果灵魂受到了堕落、邪恶和罪孽的侵蚀，就会腐坏，导致人失去翅膀并坠落下来。

神的两匹马是平衡的，且很容易驾驭，人类的战车却很难爬升，需要努力保证不要掉下去。因为邪恶的那匹马总是在向地面奔跑，使得车夫疲惫不堪。人类的灵魂车夫抬头望向天穹顶，却又被左右拉扯的马分散了注意力；

低下头,则缺少足够的力量走完这条神圣的道路。

结果就是,人类的战车相互碰撞和碾压,试图超过对方。人类不仅难以驾驭战车,而且还会相互战斗和破坏,因此,许多人失去了翅膀。

人们听到这个故事时,通常都会对于那匹邪恶的马感到不适;但有趣的是,根据柏拉图的说法,每个人也都拥有一匹意志坚强的好马。

我们在讨论这个故事时,通常会关注马匹,但柏拉图明确道,驾驶战车的困难在于难以控制,而非本身的配置不合理。

因此,我们的重点不应该是马,而应该是那个管理马匹的车夫。他要引领方向、寻找路线,引导马匹沿着正确的路线前进,同时还要不伤害它们。车夫的角色与葛吉夫的另一个故事中的角色相似:那座没有主人的房子,被忘记了自身职责、只遵循本能的仆人占据,此时来了一位管家,为了让房子里的人变得服服帖帖,他带回了主人的口谕(不用说,又是一首出自巴蒂亚托的歌)。

如果我们真的能做到这一点,提升我们生活的能力,那么不仅我们能分辨出那匹坏的马,而且两匹马之间还能相互激励。因为他们代表的是我们身体中不同的能量，需要进行管理，也需要存在的空间。

事实上，柏拉图通过比喻将人的灵魂分为三个部分：理性、激情和欲望。其中，欲望的精神力量最为强大，它是一个面目可憎的多头怪物，促使我们沉迷于追求本能欲望的即时性满足，它就是那匹邪恶的黑马；另一方面，善良的白马代表着躁动的灵魂，是勇气、冲动和意志力的化身。

车夫（三者中体力最弱，却是唯一能识别和保持方向的人）代表理性的灵魂，旨在控制激情并引导前进。我们必须要注意到：两匹马都是有翅膀的，而不仅仅只是那匹善良的马才有，因此，如果消灭了那匹象征着欲望的邪恶的马，也意味着我们失去了足够的推进动力。

驯服那匹邪恶的马是人类特有的行为：对于生而不朽的神灵来说，并不能通过控制一匹异端的马来提升自己。人类易出现错误的本性，既是对自身的限制，也是我们进行自我培养和提升的关键。

如果过于肤浅地解读柏拉图的理论，人们在历史进程中就容易陷入理性和激情之间的二元论，我们要避免这种情况的出现。看待柏拉图的神话时，应当承认理性和激情具有相同的救赎作用。人不是神，但人也有着高贵、美丽和善良的部分，跟随这一部分不断地寻找着自己的平衡。

葛吉夫和柏拉图的神话中也都提到了勇气，因为要有勇气才能幸福。正如我们在其他章节里提到的：不奉献自己就没有幸福。勇敢的人必定是脆弱的，因为如果没有准备好探索未知事物，就不叫有勇气；要变得脆弱就要接受失败：没有经受跌倒的危险就不能叫作脆弱；要接受失败，就必须接受不幸：所有的下坠终将落地。

因此，幸福的第一步是要把不幸当作起点，而不是规避它。只有认识到不幸的可贵，才能充分获得幸福和满足。

有多少个你

还记得罗伯托·贝尼尼和马西莫·特洛伊西主演的电影《眼泪不再》吗？影片中，两位时空旅行者在一名守卫的注视下越过佛罗伦萨领土的边界，守卫不停地问他们："你们是谁？你们从哪里来的？你们带着什么？你们要去哪里？交一个弗罗林币[①]！"每次他们走过边界线时，守卫都会把他们叫住，让他们付一个弗罗林币。这个情节意在突出官僚主义的滑稽和无情，但它对我们的人生道路也很有启发意义。

回顾一下你的过去，试着看看你每天都主要扮演和诠释了哪些角色。回顾这些角色，把他们都当作一出大戏中的人物，回答一下：有多少个你？最终要的是：你都是些谁？

你可以给每个角色取一个名字，因为每个自我都对自己完全认同，没有意识到自己只是在扮演一个角色：专家、朋友、经理、丈夫、姐妹、律师、胃肠病学家、职员、影响者。这不仅仅是一个游戏，不要仅在纸面完成：注意你扮演了多少个角色，一天中产生了多少相互矛盾的念头。你不能审判他们，不能压制他们，相反：请进行一次"人口普查"，试着了解有多少个角色，他们都是谁，在你的身体里住着多少个"我"。真正地尝试这么做，开始的时候先试着集中一个小时注意力，然后试着集中一个早上，之后试着集中一整天。

[①] 1252年前后在欧洲流通的一种金币。——编者注。

> 把自己当作那个守卫,在内心主控室的入口处观察那些"我"并向他们发问:"你们是谁?你们从哪里来的?你们带着什么?你们要去哪里?交一个弗罗林币!"

灵魂联盟

尼采预见了这种心理多样性的动力,他在手稿中写道,自我是许多灵魂组成的社会结构,"一种由不同的特定人格组成的多重力量,那些人格一个接一个地占据主导地位,作为自我看待他人,作为主体面对这个充满变化和决定的外部世界。主体一会儿在这里,一会儿又在那里"。它不断地迁移,在我们体内的各种人格之间变动。正如尼采在手稿中所说,"我只理解一种存在:他既是一体的又是多元的、既在变化又保持稳定的存在,他有知觉、感受和欲望——这个存在是我的初始事实"。

这不是一"或"多,而是一"与"多,从根本上来讲是矛盾的。

尼采关于个体的多重性的观点借鉴了法国医学哲学家们的著作,其中包括里博特和皮埃尔·贾尼特。

的里雅斯特高级国际学校（sissa）研究院斯特凡诺·卡纳利在电子杂志《精神活力》中写道："从精神学的角度出发，精神学家们将头脑和认知（无论健康与否）描述为不同自我的不稳定集合体，是由多个精神体组成的群体，是意识的群岛，被不同的心理状态带来的洋流冲击着分分合合。这个复杂的认知体系是建立在不断重塑而形成的不稳定的平衡之上，是通过烦琐而微妙的合成、对比、辨析过程结成的精神联盟。一个人的显性自我是当前最强大的自我，是特定时期内最有能力组织、综合和统一那些单个自我以及头脑中的多个意识核心的自我。"

我们是无数个"我"组成的联盟带来的产物，他们聚合又分开，在我们的内心主控室进进出出。每个联盟都会在宿主身上产生不同的心理平衡，而这种平衡总是转瞬即逝的。当这些掌权的灵魂联盟（如里博特和珍妮特定义的那样）在内部出现不统一时，就会发生身份认知问题。

安东尼奥·塔布奇在他的著名小说《佩雷拉的证词》中对此也有描写：卡多索博士向葡萄牙记者解释医学哲学家所扮演的角色以及他们的灵魂联盟理论。

根据这种具有启发性的哲学观点，每个人都确信自己是单一的，而非由不可计数的特定的"我"组成。但实际上这种想法是虚幻的，是在传统基督教单一灵魂的认知影响下诞生的天真愿景。

相反，根据里博特和贾尼特的说法，有各种各样的灵魂居住在我们的内心深处，都处于一个"我"的强权控制之下。

在小说中，卡多索解释道，我们的常态存在方式，不是我们生活的前提，而是它的结果，由强权自我的控制所决定——强权自我将自己的意志强加于我们灵魂联盟之上。这种情况也是暂时的，如果另一个更为强有力的自我出现并夺取了控制权，我们内心的"政治格局"会进行重新洗牌。

自我军团

邬斯宾斯基写道，人是多元的，是由自我组成的军团。

在马可福音、马太福音和路加福音中，有一个被魔鬼附身的人也叫"军团"，他在格拉森遇到了耶稣，耶稣问他："你叫什么名字？"他回答说："我叫军团，因为我们有很多个。"他恳求耶稣不要把他驱逐出去。彼时恰好山上有一大群猪，那些恶魔自我请求道："让我们进到猪的身体里吧。"耶稣同意了，那些不洁的灵魂从他的身体里出来，进入猪的体内，那些猪随后从悬崖上跳到了海里，2 000头猪都淹死了。

2 000头猪非同小可，许多评论认为，这段福音想对比猪的污浊和山的神圣，但除此之外，这个故事也表明了一个人内心可容纳的恶魔数量（现在我们可称之为"我"）之多，他们的威力之大足以让2 000头动物发狂。我们自己拥有超强的力量，体内包含着无数相互对立的存在。

值得注意的是，在耶稣驱魔过程中那些围观者的反应："看到全部过程的人向其他人讲述了被恶魔附身者和2 000头猪的情况，人们请求耶稣离开他们的领土。"解脱需要付出高昂的代价。那些只着眼于世俗的人，宁可与一个被恶魔附身的人以及2 000头猪为伍，也不愿与一个健康却没有灵魂的人相处。这便是对这段福音最终的理解。

最新的自我

但是这些军团是如何形成的？里博特和贾尼特所说的灵魂聚合是如何产生的？是通过一系列事件将相似的"我"集合起来的。从本质上讲，日常生活完全是由外在因素决定的，而不是主动刻意为之。破解这个局面的第一步是意识到这些不同的"我"的存在，明白主宰自己的永远是最新的"我"。也就是说，确信我们始终是一个整体，只是由于所处的时刻不同，出发的视角也不同。我们没有意识到这只是生活在我们体内的无数个"我"之一，而不久他又会被别的"我"顶替。每个人都有一群比较强大的"我"，他们往往比其他的"我"出现得更加频繁。但这并不是因为我们自觉地选择了他们，也并非因为他们比其他的"我"在个人自我实现的过程中具备更大的作用。他们只是我们的精神在外部事件和刺激的作用下产生的偶然结果。只有意识到多样性，重新培养自我统一的古老美德，我们才能开始设计有效的人生迷宫。

自我统一

我们永远会分心，会被从生活的中心抽离出来，或者说，有一条边界限制着我们去接触真正的生活。只有重新培养自我统一的力量才能摆脱这种状况。

自我统一是一个美丽的词汇，源自拉丁语 cum haerere，它的字面意思是"在一起"。自我统一不在于表达的真实性，而在于行动时考虑到整体的自我。

当你自我统一时，不是根据过去采取行动，而是倾听每一部分的声音并给他们以空间，包括那些刚刚诞生的"我"。这是最深层次的自我统一，而那些总是强调自身的陈词滥调其实只流于表面。正如赫胥黎所写，总是希望自己的思想和道德决定保持一致的人，要么是行尸走肉，要么是个狂热的偏执狂——如果他还没有设法扼杀所有活力的话。相反，真正的自我统一是一种每天都要进行更新的自我愉悦协议，这是幸福的秘诀，但与将一个人的生活变成令人筋疲力尽的事业的工作计划无关。

因此，要保持自我统一，就要不停地了解自己，不停地观察和发现自己新出现的部分。

✧

这是一个关键的选择节点。不是说其他的节点不重要，请注意：每个选择节点都很重要，但在这里需要格外留心。

如果你想回答一些问题，请阅读第 11 章。

如果你想获得一些答案，请阅读第 6 章。

第 6 章
没有终点的道路：爱好和天赋

我们从小就生活在压力之下：大人们问我们长大想做什么，是否想结婚、生小孩，他们还试图弄清我们在运动、音乐、戏剧、数学等方面有没有天赋。这种对于天资的执着关注以及他们对答案不断的追问，都造成了我们的焦虑。我们经常将焦虑压抑在心底并使之成为生活的常态，但也许只有成年后，我们才会意识到这份焦虑。

确实有很多人在这种压力下迷失了方向，但也有另一些人可以在压力之下活得很好。他们很早表现出明显的天赋，这使他们变得坚定且出众。但是，天赋并没有使他们更幸运，因为他们恐怕只能沿着一条别人为他们修建的轨道走下去，而永远无法自己选择方向。

学会自我实现意味着学会修建自己的轨道，感受到自己拥有坚实的根基，同时也有展现自己和表现自身潜力的自由。我们用"盛开"代表自我实现，是因为每个人都是一朵不同的花，拥有各自盛放的时间。与其强迫一棵橡树变成杨树，或是让一棵杨树变成橡树，我们能为另一个人所做的最好的事情，是为他们提供工具，让他找到自己最深层的兴趣。

天赋是一种工具

人们对天赋的执着使那些觉得自己没有天赋的人产生了深深的罪恶感，陷入了僵局："我没什么特别的天赋，不过我感到有一个一生中一定要完成的任务在召唤着我。但是如果我没有天赋，那么这种感觉一定是假的，我以为我是谁？"

有意义的生活总是建立在天赋之上的,这种想法是一个巨大的集体心理暗示,但与事实没什么关系。就像埃米莉·韦普尼克[①]所写的,大多数人都没有出色的天赋,但他们拥有多相潜能。也就是说,他们有很多兴趣,但无法从中做出抉择,因此一生都在改换工作、变换道路。这没什么不好,几乎所有人都这样。

这种集体心理暗示的产生是因为我们混淆了工具与目标:天赋是让你展现自己、穿越生命之路的工具,但不要将天赋与爱好混淆了。天赋可以被培养、被加强、被放弃、被背离,但它始终是一种工具,因此,我们既可以解放它,也可以限制它。你肯定可以举出数十个为其出色天赋所毁掉的人的故事,想想看,这个如此强大的工具能使幸福翻倍,但如果没有其他因素的支持,也可能使不幸成倍增加。

请想象你正在进行一次徒步旅行,或走在圣地亚哥朝圣之路[②]上:天赋就像一双好鞋、一双有力的腿、长远的眼光。所有的这些都是助力前行的好工具,但如果

---

① 埃米莉·韦普尼克(Emilie Wapnick),Puttylike 社群创始人,曾在 TED 上发表关于多相潜能者的演讲。——译者注
② 圣地亚哥朝圣之路:西班牙的"圣地亚哥之路",世界三大朝圣之路中最著名的一条,也是世界上最有名的徒步线路之一。——译者注

你心里不清楚要去哪里，如果不问自己为什么要去那里，这些工具就会变得无用。或许你根本不想走上圣地亚哥之路，而是想学习开飞机，或者是跳舞。天赋可以改变一些东西，使你的前行之路更加容易，但它们并不是道路本身。最好可以让天赋为你正在做的事情服务，让你走得更轻松，从而避免一些意外。

真正重要的是那种被召唤的感觉，也就是每人都有的爱好。我们需要跳出一个误区：拥有爱好并不意味着你会被召唤去拯救世界，或做一些非凡的事情。你并不一定要成为超级英雄，但遵循自己的爱好会让你能够自由选择你感觉可以发展的东西。在别人看来，你的选择也许是疯狂的、无意义的，甚至是与成功背道而驰的，但对你来说，这种选择是有意义的。它意味着你绘制了一个属于自己的迷宫，意味着你拒绝选择那条天赋至上的直路、拒绝放弃其他因素，比如自己的情感和愿望。

当你放弃了一种天赋时，表面上像是白白浪费了一大笔你本可以充分利用的资本。但放弃这个天赋，也表明你认识到这件工具在你生命的那个阶段是无用的。这种放弃不一定是永久，它可以只是一种暂时的、不令你痛苦的放弃，甚至是一种解放。谁说拥有一种天赋就一定要去发展它呢？

天赋，就是父母、学校和社会都告诉你要去寻找，要求你用直接、理性的方式去运用的东西。你有什么天赋？你擅长演奏，那么你应该当一个音乐家；或者你画画很好，那么你就该做一个画家。但是如果工具变成了目的，它甚至可能成为你自我实现过程中的障碍，它会让你依赖于赞美、认可、声誉和工作动力。例如，对于音乐家来说，巨大的天赋也许会变成灾难，它会让你变得急功近利，一味追求赞美和成功，而非意义本身。同样，在做一些自己并不特别擅长的事情时，你也会感到开心、有活力，虽然这些事情也许永远不会成为你的工作，但是它们能让你真切地感受到生命的鲜活。

储藏室

想象一下，每个人出生时都有一个自己的储藏室，里面放着各式食材：有人拥有很多面粉，有人的砂糖比较多，也有人什么都有一点儿。天赋就是一定数量的某种食材，我们在烹饪的过程中也许会用到它，但它并不能从根本上决定一道菜好不好吃。当然，我们是否想用某种食材、我们品尝一道菜的方式，都不会对菜品的好坏产生太大影响。

我们一生都困扰于储藏室里有什么、没有什么，因而忽略了其他元素。拥有很多面粉并不意味着你一定得用它，或是一定得知道怎么用它做出一道好菜。如果仅仅因为拥有而去使用某种食材——这样一来，就得冒着破坏所有前期准备的风险——无异于毁了一道菜。盘点我们拥有什么，其实和盘点我们缺少什么一样困难，有时甚至一样痛苦。我们认同所有这些属于我们的食材，但我们不再需要它们了。

星级厨师都学习过，在味与香之间找到一个恰到好处的平衡点是对一道菜最基本的要求。这是一种各部分之间的协调关系，不在于拥有的东西（食材、技术、工具），而在于动力和决定做这道菜的原因。实现自我的过程并不在于你的储藏室装得有多满，也不在于学习用本来拥有的食材去烹饪。如果你的储藏室被塞得满满当当，那当然很好；不过你也随时可以去采购些别的食材回来，也就是说，培养一些你现在还没有的才能。

学会感受

爱好可以建立在天赋的基础上,也可以无须天赋而形成。爱好是我们在做某件事时的感受,与目的无关。当我们希望培养、训练和表现天赋的时候,往往需要将爱好克制一段时间,否则天赋就无法被表现出来。为了能够充分感受,我们需要集中注意力。

在一次研讨班上,一位教授曾经这样描述这种感受:感觉自己像是水里的鱼。你知道自己当下处于正确的地方,你所做的事情正是在生命的这个阶段想要去做的。走在爱好之路上你会感到愉悦,这种快乐来自这一刻你正在做的事情;而其他所有的一切,如成功、金钱、认可都是多余的,因为你没有要达到的目标,也没有要获得的奖赏。

但是,请注意,爱好并不是一次性解答所有问题的答案。它不是一份完美的工作或是一位完美的伴侣,无法将你从必须进行自我拷问的恐惧中解救出来;它是一个指南针,让你时刻明白自己的方位状况。在某个阶段,你会觉得自己顺风顺水;但再往前几步,你又会迷失方向,需要反思自己构建生活的方式。这个过程令人疲惫,但它意味着你需要真实地面对自我，并且准备好绘制自己的迷宫。

扪心自问，你是否追随了自己的爱好而不是简单地像在谷歌地图上查看路线那样，因为爱好不是一条能够通过成功与否来进行客观评判的常规道路。你得诚实地回答这个问题，并且只能由你来答。从来没有一个客观的外部答案能告诉我们，一个人是否实现了自我，因为自我实现也是一个人自我教育的过程，而这个过程建立在怀疑、提问以及倾听自己的情绪和身体感觉的基础上。这就解释了为什么有时候别人的选择和打算看起来很直观，事实上却始终让人猜不透。

迷　　宫

我们可以从古代哲学中学到的另一课，即过程的重要性。过程比终点更重要。

我们倾向于认为终点是不存在的，存在的只有在迷宫般的道路上行走的各个阶段。我们时而改变步伐，时而放弃某条路线，因此，每个阶段都千差万别，正如每个人都各不相同。

如豪尔赫·路易斯·博尔赫斯所写,一个人去描绘世界,用省份、王国、山脉、海湾、船只、星星、车马和人群填满了所有空白,却在临死前不久发现,所有这些线条的集合,这个他苦心绘制的迷宫,画出来的仅仅只是他自己的脸庞。①

如今,有多少自由又有多少时间来发现我们自己最真实的面孔,从而拒绝循规蹈矩,拒绝模仿杂志封面上的形象?

我们需要空出时间来照顾自己,需要时间进行深呼吸,然后重拾方向。这个方向与智力、情感、精神、身体有关。这是古人摸索和培养出的一种感觉,我们却将它抛在了身后。

这种感觉不是成本效益分析,不是一张利弊清单,也不是一种理性选择,它是我们内心的向导。苏格拉底曾谈到,监护神带给他的就是这种感觉,他感到监护神在提示他不应该做什么、不应该走哪条路。

我们在《不必做好女孩》②中已经引用过卡洛斯·卡

---

① 引自其诗集《诗人》。——译者注
② 作者的另一本意大利畅销书,原书名为 *Liberatidella brava bambina: Otto storie per fiorire*, 2019。

斯塔内达的这段话:"所有的道路都是相同的,它们不通向任何地方。问问你自己:这条路有心吗?如果有的话,它就是一条好的道路;如果没有的话,它就没有用处。两条路都不通向任何地方,但一条路有心、一条路无心;一条通向快乐的旅程,只要沿着这条路走下去,就能与它融为一体,而另一条路会使你咒骂自己的生活;一条路使你强大,而另一条会削弱你的力量。"

脸书(Facebook)的照片墙上经常挂满了这样的图片:蓝天上漂浮着云朵,配上一个红色的气球或一颗爱心以及这句"跟随有心的道路",然而这些图片都没有关注这段话中最让人不适的部分:"两条路都不通向任何地方。"

我们被社会不断地推着走,总是问自己,我们所做的事情能否提高自己的生活水平和名望?某个目标的实现能否使我们幸福?在这样的社会中,我们发现那条有心的道路不通向任何地方。

个人的自我实现没有尽头,也没有一个可以停下的终点。我们看见那些疯狂奔跑的人对到达终点的幻想和渴望。可是人生其实更像一次朝圣之旅,有时走得快,有时走得慢,有时很吃力,艰难时甚至会停下来。通过这个旅程,每个人都能绘制出自己独特的迷宫。困难的是寻找方向的同时,始终记得追随爱好的意义不在于目标,而在于过程。

爱好之路是一条"只要跟随,就能与它合而为一"的道路。走在爱好之路上,就像一条鱼游弋于水中,在自己的天地里感受辛劳,也感受意义,在运动与稳定之间找到恰当的尺度。

个人能力

卡洛斯·卡斯塔尼达在谈到个人能力时不断提示我们该以何种姿态前行。这种姿态不是指一种无所不能的、掌控所有人、事、物的感觉;相反,前行的过程让我们明白,我们无法掌控任何事情,也让我们懂得,人类的存在脆弱而短暂,我们的行动范围十分有限。然而,真正的能力并不在于操控什么或是掌握什么。从字面上的意思来讲,个人能力其实是一种幸运的感觉。

如今,我们认为幸运是发生在极少数人身上的事情,通常包括经济自由、感情顺利、被众人欣赏,或是极少遇到麻烦。这种看法十分狭隘,因为它只考虑到你所拥有的东西，而忽视了你的眼界，忽视了你看待事物的哲学性态度。在这里，"哲学"的意思绝不是与世隔绝，而是恰恰相反。

正如卡斯塔尼达所说，如果每一条道路都荆棘遍布，一些使人迷失方向，另一些又使人转回起点，没有一条路通向一个有意义的终点，那么一个人要怎样才能感受到幸运？我们该如何在一条不通向任何地方也没有任何意义的道路上前行？如果所有的路都不通向终点，为什么某条路比另一条路更好？

不要以为有一个标准答案。首先，请认识到你一定会遇见这种状况并使你陷入疑虑。我们试着遵循一声声召唤——也许是正确的，也许是错误的——但我们也需要学会面对问题，学会放任事态发展，学会与疑虑相处。哲学能够拓展我们的视野，让我们意识到自己为一种无形的、不可战胜的力量所束缚，身处无数不可捉摸的变化之中。

不走寻常路

保罗·玛丽亚·克莱门特在《不走寻常路·迷途指南》（特隆，2020）一书中，提到了才华横溢的居伊·德波所描绘的令人惊奇的城市艺术。不走寻常路"就是在城市中闲逛，无视招牌、橱窗、广告、纪念碑等常规标志，让自己为某些启示信号，即偶然发生的、不寻常的事情所吸引。跟随着一个个启示，就能发现我们感兴趣的景观，或是令人惊奇的现象"。

实际上，不走寻常路就是放弃一般意义上去公共场所的目的（人际交往、工作、消遣、饮食或运动），拒绝跟随地图或导航，自己随心所欲地走：沿着世界给你的指示、走向隐藏在这些提示背后的相遇。通过这种方式，你将学会与周围的环境建立联系，跟随提示前往某个方向。不走寻常路会让你变得更敏锐，因为它让你习惯，每个拐角背后都可能藏着惊奇的源泉。

我们要求你做的练习是什么呢？是请走出家门。如果你已经在室外，那就更好了。找到一个你认为不错的出发点，再接着读下面的内容。如果你没法出门，或是懒得出去，请加油尽快做这个练习。现在就请跳过这一段，什么时候有空自由溜达一个小时再回来。或者，请现在就开门走出去。那就一会儿见。

又见面啦，现在你已经在家门外了。你的身后是已知的世界：卧室、浴室、厨房、书籍和你的各种物品；而在你面前的，是未知的世界。好吧，也许你认识社区里的居民，你能认出他们的脸，知道他们做的事，知道他们要走哪条路。但你现在应该逃离已知的领域。在这个过程中，请将注意力集中在周围环境展示给你的小小景观上。不用去寻找烟花，寻找一片飞舞的树叶、一声突然的汽车鸣笛、一段熟悉的旋律即可。等待着它们，仔细地观察它们。

现在，向引起你注意的地方走吧，试着分辨自己的感觉，它会告诉你应该在哪里转弯，应该转身向后、向左，还是向右。等待属于你的那个信号。当它到来时，向它走去。这几分钟，你会觉得自己身处一个巨型电子游戏中，但不清楚自己是主角还是玩家。你没有最终的目的地，只需要跟随自己的感觉，这个游戏和所有的游戏一样：它没有任何目的。而个人能力（也就是感受到幸运的感觉）正在于此：玩耍的能力；记住玩耍时最重要的不是用最少的时间完成任务,而是深入游戏的世界中,使自己体会到惊奇。

此时,我们不会像在第3章中那样,要求你找到自己的步调。我们想让你感受到自己内心的向导,它会告诉你前进的方向,告诉你不要在意前进的方式,不要担心是否有远行的能力,只关注自己不走寻常路时的感受。

在这个练习的最后(当你完成了一次不走寻常路的练习时,你自然会感觉到),回到家里,在日记中写下脑海里的印象,尝试重建你走过的路,重构这个你自己绘制的迷宫。

接受正确,承认错误

发展爱好意味着接受迷茫,接受不久后生活被完全颠覆的可能,也伴随着承认、克服和纠正错误的愿望。爱好不是一个具体的选择,而是选择的过程,是你从心理层面、情感层面、身体层面和精神层面上完成某件事的方式。我们逃避爱好这个话题,是因为我们想要的答案并不关乎态度,而是关乎人和事的正确性:他是我的天选之人吗？这是最适合我的工作或学习领域吗？

那么如果他不是对的那个人，又该跟他建立起什么样的关系呢？如果阻止你顺利走上爱好之路的不仅仅是工作，而是你完成工作时的所有想法、限制和条件，又该怎么办呢？

爱好一词源自拉丁语vocare，意为呼唤。爱好就是感受到一种呼唤。它像一块磁铁牵引着我们，我们为之吸引和兴奋。但在我们与这块磁铁中间，往往横亘着许多干扰：我们会分心、会浪费精力、会收到成百上千个无用的建议、激励、制约、恐惧以及判断。我们一向很会给自己创造距离和障碍。

如果你正在读这本书，我们可以诚实地告诉你，生活中一定有些东西是与你不合拍的，是你不能理解的，是不能与你产生共鸣的。或许你不想与任何人说起它们，因为这种抓不住、摸不着的感觉，已经成为一种无法抛弃的习惯；又或许你会感到内疚，因为你的个人身份仍然是不完美、不完善的。不过好在，只要活着，一个人就永远处于"未完成时"。想要实现自我，就要不停地拷问自己、改变道路、放弃某些方向、意识到许多曾经拥有的东西都不再属于自己。

爱好是一种身体感觉,而不是一个干巴巴的答案。有时,我们的步伐是有规律的,呼吸是顺畅的,在顺风中走好几千米都不觉得累;但有时,一切都变得格外艰难,也许——就像卡斯塔尼达所说——你不得不回头质问自己,重新考虑预设的路线。因为有些条件已经悄然改变,或者因为那并不是我们真正想走的路,而是别人希望我们踏上的、对我们来说更平坦的、看起来能使我们变得更好的道路。

一年前让你感到充实的工作今天也可能会让你感到空虚,这没什么不对。在当代世界中,人类的主观意识就像一张自拍,与自我保持一致,因为它是二维的,只能看见自己。每个人的小宇宙中都有一片未开发的海洋,随着时间的推移,会出现许多自己也预想不到的东西。你会产生许多以前没有的愿望,会开始关注以前不感兴趣的旅程。

当然,说服自己当一个不变的二维图像会更舒服。但是如果你选择走上爱好之路,就得意识到自己身上总会出现一些新的部分,就不能再忽视自己的情感和身体感觉,也不能只想着做出理性选择。因此,爱好之路不是一条直路,因为笔直的道路本身就是不存在的。

有心的道路是一条真实的道路，所以不可能是一条直路。不过，要创造自己真实的道路，就要做好变得脆弱、容易受到伤害的准备，做好面对沮丧和困惑的准备，做好不能时刻掌控一切的准备。

在开始做准备之前，你首先要放空自己的能力。

放　　空

一个研讨班开始时，我们通常会问每个人来参会的原因。大家的答案五花八门，但是一般都是关于学习与收获。不过有一次，一位女士特别真诚地回答："因为今天我的丈夫不在家，我想独自度过整个周日，又很害怕像之前那样虚度时光。"

我们害怕空虚，是因为害怕思索生活，这种恐惧比我们想象的更普遍。其实，当我们向自己提出存在性问题的时候（比如存在的意义），我们想要立即得到一个答案，或者只是想让自己安于受害者的身份。由于我们没有受过相关的教育，想要真正进入沉思的状态是非常困难的。

从爱好到计划

爱好是一种感觉。学着分辨爱好,就需要放空自己,进行思索。不过,仅仅专注于思索,其实与只专注于实践无异:你没有找到一个适当的度,而是走向了极端。要能从思索的生活走向实践的生活,也要能从实践的生活回到思索的生活。因此,你需要学习如何在中间这座桥上走过去,再走回来。

最基本的是要认识爱好,追问自己这是否是要走的路。同时,这个没有终点的旅程也需要一些顿点,这些顿点提醒着你——你会在这里回头看看——已经走过的路:这就是计划。计划是自己设立的一些目标,它有时是对你的挑战,有时会给你带来满足感,有时也会助你将感受付诸实践、实现愿望,但这些目标都不是目的。

目标和目的之间有很大差别。我们平常可以有很多目标,比如每周保持家中整洁。这是一个目标,是可以借助各种技术、协助、新的习惯等来实现的;而目的与最终取得奖赏无关。爱好是不会给你奖赏的:如你所知,有心的道路不通往任何地方。那么,为什么还要实现目的呢？因为你想要倾听一种声音，这种倾听无法通过技术来实现，而需要通过一些更复杂的、叙述性的东西来实现。从长远来看，这很容易，但是并不简单。

简单和容易

简单一词源于拉丁语 simplex，意思是不拐弯抹角。不拐弯抹角意味着已经经过了尽可能多的解释。其实，我们通常所追求的就是简单：我们寻求简单的生活，追求能够屏蔽干扰的学问，这让我们以为爱好的最高境界就是安静地待着。

小说《大师与玛格丽特》[①]的结尾处写道，安静，也就是书中所说的安宁（pokoj）确实是一种奖赏，但它的价值不如光明（svet）——这种对神性积极且不屈不挠的追求。因为，不拐弯抹角的生活实际上更像一种漠然的态度，而不是什么学问。长期生活在一种完全通透的状态下，意味着丧失了独立求解的能力。

---

① 苏联作家米哈伊尔·阿法纳西耶维奇·布尔加科夫创作的长篇小说，被誉为 20 世纪魔幻现实主义的代表作品之一。——译者注

另一方面，容易一词源于拉丁语 facilem，因此容易就是可行。换句话说，容易的事情就是可行的事情，但它不是一种客观的价值：某一件对于我来说可行的事情，于你而言可能非常困难，但并非做不到。可以做到是什么意思呢？这意味着在我之前已经有人做到了，已经有人开始一步步地征服那条路。那条路绝不会是一条宽敞笔直的高速公路——像我们大多数人寻求的那样——而是一条永远崭新、永远在变化的道路。它是不确定的，但也是可行的。

接下来请阅读第 12 章。

第 7 章
可以撕掉的标签：如何创造价值

前段时间的某个晚上，我和丈夫在房间里读书时，听见有人在敲门。从门孔中我看见我们的一个孩子站在那里，表情有些滑稽。"埃涅阿，怎么了？你怎么不睡觉？"我们问他。

安静了几秒后，孩子带着恐惧和惊讶的神情告诉我们："爸爸！妈妈！我忘记该怎么睡觉了！"

场面一度变得很奇妙。最后，他爬上了我们的大床，然后想起了该怎么睡觉。睡觉这个平常的、自然的动作，在孩子看来却十分奇怪,甚至环绕着不可能的光环。这有点像《恶搞之家》①中,皮特忘记了如何坐下。不过总的来说,坐下比较简单,解释如何入睡却不太容易:你需要闭眼、放松……然后呢?入睡具体需要做些什么呢?首先,人为什么需要睡觉?斯坦福大学睡眠研究所创始人威廉·迪蒙特承认,无法通过科学手段找到这个问题的答案。他说,据我们所知,需要睡眠的确定原因只有一个:我们会犯困。

我们不知道人为什么要睡觉,一般情况下睡就是了。世界上充满了类似的事情:存在本身都是由未知的原因、无法解释的动机、无法规避的过程构成的。我们生活在一种错觉中,幻想自己可以控制一切,但事实并非如此。傲慢来源于恐惧,实际上,正是这种傲慢遮蔽了我们的双眼,阻碍我们意识到,这个世界仍有许多待发掘的地方。

事实上,一个人知道得越多,越会认识到自己的无知;知道得越少,越认识不到自己是无知的。学习得越

---

① 《恶搞之家》是由赛思·麦克法兰(Seth MacFarlane)导演的美国喜剧动画片,第一季于1999年制作并开始放映。该作品围绕着彼得·格里芬(Peter Griffin)及其一家的故事展开。——译者注

多，越觉得自己需要学习；学习得越少，越不觉得自己需要学习。爱得越多，越能意识到自己不懂得如何去爱；爱得越少，越意识不到自己不知如何去爱。同理，走得越深，你才能够知道之前幻想着要去触及的那个底线有多远。

那么，问题在于：如何理解自己所处的位置？沉浸在一片混乱的信息中，我们应如何自我定位？

就像尤瓦尔·赫拉利在《未来简史》中所写的一样，重要的是知道哪些东西可以被忽略。我们在网络的大潮中浮沉，已经很久没有一边航行一边探索了，而仅仅是一边漂浮一边享受。我们知道得太多，所以什么都不知道了：换句话说，我们为信息、图像、声音和情感所充斥，就像拥有一串无数的钥匙，却不知道要开哪几扇门、以什么顺序来开门。如今，有能力的人不是那些拥有很多钥匙的人，而是那些方向明确、不被浪潮淹没的人，是那些勇于说"不"的人。

诀窍不在于尽可能地多了解事物，而在于知道哪些值得了解。要践行这一原则，就得用到"价值"这一概念：价值是一种有用的工具，它可以帮助你在这个世界上自我定位，从而避免浪费精力，时刻提醒自己。所以，现在我们将会帮助你寻找自己的价值。不过，在阅读下一段之前，请拿起你的日志，描述一下这些虚无缥缈的价值对你来说到底意味着什么。那个人很有价值、曾经有良好的价值、如今的价值危机。上述价值到底是什么意思呢？请将你的思考写在日志里。

在继续阅读之前，你要接受一个事实，这非常重要：也许你对这些价值并没有明确的概念，也很难解释它们对你来说意味着什么。

试一试吧。

对你来说，价值到底是什么呢？

价值的用处

在个人自我实现的过程中，价值是完成一些关键步骤的最佳工具。可以说，价值就是每个人那朵独一无二的花朵的养料。也许你会说："怎么会呢？我们不是讲过花朵是会变化的吗？不是说在生命的过程中，它会随着不同的需求、不同的'我'而不断改变吗？那么，我们应如何协调日常生活中那些传统的、固有的价值与身体里那群'小我'的关系呢？普适的准则怎么才能组织起如此分裂的世界呢？"

这些考虑是对的，但你不能简单认定价值就是固定的、不可改变的。我们并没有要求你在斯多葛学派、伊壁鸠鲁学派或犬儒学派的价值清单中做出一个选择，然后坚持那样的生活方式。把古人的价值观强加在自己身上没有任何意义，因为当今的价值观已经与当时的价值观大相径庭。既然我们已然改变，就应当顺从这种变化。唯一可行的办法，就是量身定做一条属于自己的路。这就像定做一套高级时装，以你为标准，从各处搜集最合适的材料来量体裁衣。

其实，每一朵花都需要特殊的照顾：特定的土壤、浇水方式及光照。你不能像对待一株金雀花那样对待一朵玫瑰，因为这样它就会缺水枯萎。因此，对于一朵花来说，理想的条件以及操作的评价标准就是它所认定的价值。

这是价值一词的经典定义，即某个体或群体渴望的条件或状态并将其作为行为举止的评价标准（引用自Treccani词典[①]）。价值构成了社会结构，共同体的凝聚

[①] Treccani是意大利一个文化机构，含各种词典、百科全书、网课等。——译者注

力就体现在它的社会结构上。

这就是我们谈论价值危机的原因：作为传统社会根基的道德基础不再奏效。旧的价值观——它产生于历史带来的影响——不再是社会的黏合剂，也不能激励每个个体。它不再产生新的动力：在历史上，经常会出现价值观崩溃的情况。例如，抛弃等级制，发展更偏向于集体主义的价值观（反之亦然），或是从斯巴达式的价值体系转向了雅典式的价值体系（反之亦然），这两个事例都对西方世界产生过极大的影响。现在这个时代的新颖之处在于，我们周围没有任何准备取代旧价值的新价值。这就是虚无主义的自然条件。跟随屠格涅夫的思想轨迹，尼采这样定义了虚无主义："最高价值自行贬黜……没有目的，没有原因。"

重估价值

其实，西方世界就好比一场大型的角色扮演游戏。上帝、国家、家庭这些概念作为这个游戏的终极补丁，曾经是令人安心的。这些概念同时提供了目的、原因和价值：服从并遵守良好的准则。即使生计仍是个问题，光是这些概念的存在也足够使人安然入睡了。如今,在新的操作系统上,这种更新已经不再运行,因此,除了建立一个新的补丁外,我们别无选择。不过,传统价值的贬抑也是创造新价值和实现尼采提出的"重估一切价值"的大好机会。

海德格尔写道,尼采认为价值"即生命的条件,亦是生命提升的条件。重估所有价值意味着为生命、为整体的存在提出了一个新的条件,它将生命推到自己面前,使人超越自己,从而有可能成为自身的真正的存在"。

从本质上讲,价值就是最终与生活渐行渐远的历史:与其说价值巩固了生活,不如说价值使生活变得空虚。

当你去美术馆时,会发现大多数人并不会直接观赏艺术作品,而是先去察看作品介绍。用于介绍的标签上,写着作者、作品名称、创作年份、材质以及其他的信息,这些信息为艺术经验限定了范围。在看过介绍以后,人们才会把眼光投向艺术作品。这样一来,理性就会先于感性,艺术便失去了其传达内涵的作用。

价值起到的作用与这些标签相似。

尼采对价值的批判就在于它们本应有助于我们接触

生活，却反而往往变成了限制，就像一些伟大作品的标签一样。下次去看展时，你可以注意观察参观者，你会发现许多事情，其中一些参观者，远比策展人为了避免展厅过于空旷而安装的展板更加有趣。传统的价值已经成为"巨型标签"，因为承载了过多无用信息而失去了原本的意义，从而陷入危机。

照此推论，如果人们的最终目的在于推动生命本身，就应该为目前没有价值/标签而感到高兴。如果说价值观远离生活，那么没有价值观就意味着接近生活。

但事实并非如此。尼采认为，对于"末人"①来说，价值的缺失是一个绝佳的游乐场。他们在这个时代的灾难中嬉闹，在废墟上做起了生意。斯拉沃热·齐泽克②解释道，末人，指的是那些疲于奔命、失去了创造梦想的能力的人，他们规避一切风险，宁愿选择舒适安全的生活，回避一切冲突。

相反，价值的缺失涉及学习构建新的临时价值，这

---

① 尼采"末人"指的是"超人"的反面——没有活力、安于平庸的人，丧失了作为人的尊严与权利的人。他们用所谓的道德与纪律来掩饰自己的无为与平庸。——译者注
② 斯拉沃热·齐泽克（Slavoj Žižek）：斯洛文尼亚社会学家、哲学家、文化批判家和心理分析理论家。——译者注

有点像临时自治区（TAZ），这是哈基姆·贝在他的同名作品中所引入的概念（这本书引用尼采的话作为开篇，绝非偶然）。这位美国哲学家在书中指出了一项社会政治策略，即通过创造临时的自我管理空间，来回避社会监管安排的正式组织和机构。

这就像是为现实贴上可移动、可修改的标签，它们能够随着工作/生活的推进变得更加深入，但不留下一点无用的痕迹。你可以撕下这些标签，也可以再贴上它们。通过价值的重估、流动和变化，生活就变成了"一个自由的地方，在这里，权力的垂直状态为水平的关系网所自发取代"。这就是我们在本书开篇所提到的节日哲学：恐惧哲学的唯一替代品。

价值的选择

在这之前，你曾在日志上写下，价值于你而言是什么。现在，这个游戏开始变得更难了：请选择5个价值作为你今后生活的基础。尼采写道："真正优雅的权力是创造价值。"那么你呢？你能够创造价值吗？请选择5个价值，你可以用它们来仔细检视你的生活并每晚反思，你是否已经照顾好了自己的那朵花。每周对自己的这5个价值提出质疑：哪个价值被高估了，它是否能被替换掉？哪个价值又是至关重要的？将这些价值带入你日常的自我反省中，询问自己：我遵循自己的价值了吗？我有没有发现新的价值？我是否意识到一些价值已经不再属于自己，或者从未属于自己？

写作疗法

如果你从未读过马可·奥勒留的《沉思录》，请读一读吧。其实，这本书就是一系列的精神练习，而非一本为取悦世人而作的书籍。你将进入一个哲学家头脑内的实验室。乔万尼·雷阿莱[①]正确地揭示了这些思想"并不是为了发表而写，而是为了不断地唤起回忆，不断重新思索一些斯多葛式的真理，在持续的变化和再现中思考、再思考"。

到目前为止，你在日志上记下的句子和你刚刚写下的价值就是你自己的真理的初稿：你要学会加工它们，

---

① 乔万尼·雷阿莱（Giovanni Reale），意大利哲学家、哲学史学家和翻译家。——译者注

记住并理解它们，然后将它们转化为思考和行动的过滤器。就像马可·奥勒留所做的那样，你也可以在自己的日志上写下这些你学着为自己制定的生活规则，以便记住它们。在检验新规则、替换旧规则的时候，要孜孜不倦地回到上文，不断地再看看它们。

皮埃尔·阿多在《内心的城堡》里写道，在课堂中，"伊壁鸠鲁一遍遍地重复某些原则，他实行的正是一种'语言疗法'；而马可·奥勒留通过写作来重复，对自己实施的是一种类似的'写作疗法'"。阿多解释，这不是一种"只要学会就可以一直机械应用的数学规则。它们应当在意识、直觉、情感、道德经验等层面上成为观察和体验神秘的入口"。

对你来说，你的原则并不源于斯多葛派，即马可·奥勒留所属的哲学流派，也不源于本书的作者提供给你的内容。你应该建立自己的原则，可以借鉴斯多葛派，这本书或是你自己的无限灵感。这就是这样一个混乱又丰饶的时代给予我们的负担与荣耀。

为了降低理解强度，我们对于生活的思考有时会消失一小会儿，这时，我们就需要写、写、写。只是一次次的阅读是不够的，要谨慎地实现主题的变化，要不吝于重复,要将它看作一场精神的练习(事实上它也的确是)。

"一切都寓于写作中。"这是将最深刻的理解从理论付诸实践的最好方式。

在写作中生活,在生活中写作。

现在,你可以选择马上去读第4章,或是合上书回到日常生活,我们明天再见。

第 8 章
垃圾站中心的拳击场：
转化互联网带来的焦虑和不适

任何忽视了网络空间的生活哲学注定会失败：我们大部分时间都与互联网联系在一起，通过社交网站的小水池，投身网络这片汪洋大海。

身处网络空间，我们总会感觉，似乎每个转角后面都有陷阱等待着自己。德·安德烈比喻道，处于这样一种长期焦虑中的人们，就仿佛身处熙熙攘攘的数字街道，街上挤满了乡下来的长舌妇，她们尤其会编故事。不论一个人的社交圈子是大是小,他在网上的每一个动作都会被放大,甚至每一个错误都是致命的。

原因是什么呢?社会的嫉妒、失望、无聊、批评和嘲笑,所有偏离规范的倾向:这些因素集合起来,创造了一个有害的网络环境,人们在这里大规模地相互监视、相互惩罚。就像我们在《表现的社会》[1](特隆,2019)里曾讲到的那样,一次糟糕的表现可以毁掉整个职业生涯,或是毁掉一个人的生活。因此,人们会不断减少冲动,以消除风险。

为了避免出丑,人们将自己扁平化,努力使自己变得平庸。网上传播的内容介于他们想要表达的话语和不受良心谴责而能够说出来的话语之间,成为一种向下的妥协。

社交网络和社会性

越来越多的人害怕在社交网络上发表自己的意见,或只是简单地不愿意这么做。因为他们周围有太多人将

---

[1] 全名为《表现的社会:如何走出洞穴》(*La Società della performance: Come uscire dalla caverna*)。——编者注

社交网络当成一个巨大的下水道，将挫败、妒忌、愤怒和偏见统统倾倒进去。每一天他们都在寻找可以击倒的新敌人或可以跟随的新领袖。社交网络并非一个可以对话的广场，而是一个建立在垃圾站中心的拳击场，信息的提示音就是他们战斗的号角。对于许多人来说，社交生活变得愈加难以忍受。因为除了少数世外桃源，互联网上的社会和心理退化迹象极为明显。

身处社交网络，我们正逐渐忘却集体意识的形式和语气。正如马克·费舍尔的预见：在社交媒体"卖弄真实性是一种极其有利可图的价值"。这种所谓广泛的真实性也会造成一些问题，未经处理的带有个人感情倾向的言论被永久地保留在网络上，可能会被用来扰乱民意以及引导公众，也会妨害个人的自我实现。习惯向世界表达恶意，意味着在内心对自己判处死刑，同时也剥夺了别人表达的空间。下功夫应对挫折会让人少一些愤世嫉俗、少一些暴力，成为更好的人。是保持沉默、放弃这个领域，还是努力开垦这个空间，选择权在你自己手上。

即使没有相互联系，人与人之间也是相互紧密关联的。更进一步说，我们与他人相关联，但与他们并无交集。我们并没有真正接触另一个人,却为联结的工具所束缚、所驯服。

邓巴数字

为了了解人类可以维持多少个稳定的社会关系,英国人类学家罗宾·邓巴进行了一系列实验。研究出灵长类动物的脑容量与其社群规模之间的相关性之后,邓巴将人类的平均脑容量代入这个模型,推断出著名的邓巴数字:我们最多只能与150人建立社会关系。[1]

想一想你在工作、社会生活、互联网、家庭和社区等场合日常接触的所有人。这个群体或许已经超过了150个人,这必然会给你带来压力。如果这些关系是通过微信、短暂的通话以及派对、聚餐和生日会等各种形式的聚会来保持的,你的压力会尤其显著。大脑需要处理太多信息、太多数据,要思索和考虑太多人、太多事。如果做得不够完美,或者忘记了某个纪念日、忽视了某人,我们就会感到愧疚。

---

[1] 即著名的"邓巴数字",也称150定律(Rule of 150)。——编者注

深度浏览

据美国儿科学会研究人员称，近年来青少年抑郁症案例与社交网络内容质量低下有关。我们的一位挚友、艺术家费德里科·克拉皮斯创造了一个术语："深度浏览"，用以描述一种更加有意识地使用社交网络的方式。深度浏览是一场艺术性的社会运动，旨在通过改变习惯，积极地发展一种新的网络生活方式，从而将我们与社交网络的关系转变为一种治愈行为：取关那些发布无用内容的人，只关注发布艺术的人。

我们向你介绍的练习，就是跟随着深度浏览的思路，取消对那些发布低质量内容的人的关注，降低对他们的喜爱程度。这些内容通常会助长不适、尴尬、沮丧、不满等情绪。关注一些博物馆、艺术家、哲学家、诗人，也可以关注一些对自己有启发的领域。你有机会在一个奇迹工厂里游走：为什么要生活在一个充满八卦的杂院里，或是海德格尔定义的闲谈（Gerede）之中呢？将你花在社交网络上的时间用来治愈自己，别用来给自己添堵：人死于闲谈。

在开始这个社交网络的治愈过程之前，你必须要先练习健康有效地修剪枝叶。

修剪枝叶

学习数据整理是极其重要的。数据整理就是整理和清除所有网络生活中多余的东西，以获得一种健康的精神生态。你就像一个数据园丁，需要清理那些阻碍自己花朵盛开的虚拟杂草。如果说注意到衣服、物品等实物的无序总体来说比较容易，那么注意到手机里的许多文件、应用以及社交网络上关注的账号所造成的混乱和损害就比较困难了。

就像乔治敦大学计算机科学博士卡尔·纽波特（他可不是一个厌恶创新的人）写的那样，这是"运用技术的哲学，仔细选择少数与我们的价值观相符的数据（应用、网站或在线服务）并排除其他的一切"。

请在你的日志上写下你手机里所有的应用，解释你为什么下载了它们。同时，从今天起，也请记下那些你选择关注的社交网络账号，持续关注你的网络生活。

对于你和社交媒体管理人来说,没有什么比你的注意力更重要:请仔细选择你要把注意力放在谁身上、集中在哪里。

请注意:你并不需要消灭生活中一切形式的娱乐,最大限度地用生活的课程来替代它们;正相反,要学会通过高雅的方式获得乐趣(亦即离开平凡)。也就是说,要筛选,要找到对生活最有用的消息。社交网络不应成为令人备受折磨的地方,而该成为一个享受学习的空间。即使现在看来这几乎不可能,但这是可以做到的。要关心公共空间,如今我们的公共空间(也许并非大部分)也是数字化的,公共空间的健康决定了个人的健康。

社会问题的传记式解决

我们永远是焦虑的,因为我们一直在为社会问题寻找传记式的解决方案。我们会为不知如何填满内心的空虚而感到愧疚,然而那种空虚并非仅仅是我们自己造成的:所有人都承担着同样的空虚。但矛盾的是,这是唯一的共同点,是使我们团结起来的唯一的事。

我们竭力掩盖的是一种迷失感，可为了填补这种空虚而制定的策略，反而会扩大这种感觉。我们做更多事、工作更加努力、产出更多成果。我们总是会要求自己表现得更好，如果没有达到自己和世界的期许，就会苛刻地对待自己。"成就焦虑"是参与日常比赛所必要的"兴奋剂"，但如果我们感受到的痛苦并非源于自己，而是时代的产物，这就是一个集体性问题。因此，它的解决方案也只能是集体性的。需要被照料的是整个人类的灵魂，而非我们自己的灵魂，人类灵魂尤其需要栖息在安宁之中。正是通过努力建立一种新的集体意识，才能打破那个将我们团结在一起的黑洞，慢慢地重新发现时间流逝的滋味。

从这个意义上来说，社交媒体也可以成为一个神奇的地方，在那里我们可以用一种新的、有力的方式学习和分享，这就是哲学的自我定位。

哲学拯救生活

佛朗哥·巴萨利亚将他的思想浓缩为一句精简的俏皮话："凑近了看，没有人是正常的。"他将自己多年以来在精神病学领域的经验以及对萨特和福柯的研究付诸实践。

从萨特身上,巴萨利亚明白了人文主义的重要性,理解了每一个个体最根本的自由,即人类在任何情况下都应受到尊重。而从福柯身上,他接受了对疯人院的批判,社会将疯人院作为征服疯癫的战场,试图消灭疯狂所带来的拯救的力量。

巴萨利亚能够意识到个性的价值,在他的推动下,意大利克服了制度缺陷,不再将疯人院作为关押(和折磨)精神病患者的场所。

荣格写道:"带一个健康的人来见我,我会治好他的病。"从近处看,我们每个人都是不正常的,都充满了痉挛、畸形、固执或恐惧。学会发现他人的闪光点是人类认识自己的关键。同时,从近处看,没有什么是正常的。在诗人的眼里,没有什么东西是平庸的。

人们只需要知道如何看待它就够了,花费适当的时间即可;要做好无聊的准备,给自己留出空间。

从字面意义上来说,哲学拯救生活。

无聊的艺术

无聊是创作过程中的一个基本要素,它使瞬间延长。人们拒绝寻求肤浅的娱乐,从而体会到空虚。无聊为专注沉思留出了空间,它与我们当下的生活中那种过度关注的状态截然不同。过度关注让我们误认为自己很活跃,事实上却慢慢地掏空我们,使我们处于一种慢性疲劳的状态中,直至精疲力竭。所有的社交网络都宣称要让我们将自己从慢性疲劳中拯救出来,让自己不断地娱乐。然而,正如我们所见,持续的娱乐只能让我们持续分心。

我们对无聊的容忍程度已经降至最低,将其视为一种限制,一个斗争的对象。但事实上,无聊对我们的大脑和内心都是至关重要的。韩炳哲在《倦怠社会》中做了一个比喻,他认为深度无聊其实正是精神休息的高潮,就像睡眠是身体休息的高潮一样。

让自己无聊

让自己无聊,就现在。放下你手中的书或是电子阅读器,让自己无聊起来。看看你是否会对命令感到无聊。每天都为无聊留出一点空间。比如在超市排队结账的时候、坐在马桶上的时候，别试图掏出智能手机来玩：无聊起来。然后接着看下一段。

帖子就像食物

待在社交网络上，就像整天都在一个自助餐厅里吃饭：如果你对自己有清晰的定位和自制力，就能过得很好；但如果你见到什么都想吃，就会生病。

你读的那些帖子，都是对生活有很大影响的精神食粮。

而垃圾食品就是最受欢迎的产品。互联网上也有许多好东西，问题在于，要找到那些好东西，你会先看到过度油炸的薯片、前天制作的鱼丸鱼糕以及许多不明食物。

也许你可以克服障碍，避免在那些推崇种族主义和排斥异己的帖子面前逗留，但你也有可能无法抵抗，最终为那些修饰得冠冕堂皇的帖子所说服。

但这些东西是有害健康的。每天都摄入对这个坏人或那个坏人粗暴的抨击，以及对这个好人或那个好人过分的恭维，确实毫无益处。但它们非常流行，因为你可以迅速吃掉它们，很快产生饱腹感；但5分钟后，你又会感到饥饿。这是一种不均衡的饮食，使人在几天内就会头脑糊涂，认为世界就分为好人和坏人。

然而，世界远比这更加广阔。

你认为自己已经有能力从根本上重新思考自己的价值观了吗？还是认为最好先在自我关照的概念上前进一步呢？

如果你觉得没有必要深入了解如何关照自身，请前往第7章。

如果你想先探索哲学史和哲学实践上最重要的概念之一的话，请前往第3章。

第9章
一个待阐明的问题：
叙述的力量

不仅仅是世界在讲话，你的生活也在讲话。它们常讲得滔滔不绝，你却几乎听不见。

一般来说，如果有一个人能够精彩地讲述发生在你身上的事情，你就会清晰地看见这件事的本貌，或是觉得它十分有趣。然而，你将自己的过去和现在视为一块冷硬的石头或一系列普通事件的集合，它们多多少少令你感到痛苦，又多多少少有些意义，就这样塑造了现在的你。

我想请你看一看手中的书（电子书也一样），就这样看着。不是读书，而是真的"看书"，请将目光从你正在阅读的句子上挪开：看看书本的纸张（轻型纸，触感舒适）、字体（方正书字，优雅且适合阅读）。看看这本书的排版、书本大小、封面颜色，在手指间轻轻感受它们。将它们看作一个整体，真正看清楚。你想过吗？你还停留在第149页，还没有真正完整地看过这本书呢。当然，如果你是在电子阅读器上进行阅读，那么事情就会变得更复杂一点：没有纸张，字体和排版都是你在阅读的过程中自己选择的。但是你仍可以看见构成这本书的一些元素，一些文字之外的元素。事实上，5分钟前你就从书页中看到了这些元素，它却从你的眼皮子底下溜走了。现在，请你更仔细地看一看。

它一直在这里，但因它离你太近了，近到你不觉得它有趣。总之，它就是这么一件物品。

这一次，你是在观察一本书，下次也许是一只小狗、一场日落、一件艺术品或是一个人。你也可以用同样的方式来观察你的生活：生活就在这里，极近，近到粘在你身上，却又正在溜走。事实上，生活让你捉摸不透，正是因为你看它的时候站得太近。现在，是时候学会保持距离了,我们需要好好地从内部来一场视力检查。

第一次观察

福楼拜在写给学生莫泊桑的信里,曾引用夏多布里昂的话:"才华无非是长久的耐心。"这位《包法利夫人》的作者实际上是在呵护年轻人的才华,鼓励他通过一系列长期的练习来学习写作的艺术。

福楼拜让莫泊桑做的第一件事情,就是在一棵树前站好几个小时,不断用新的词汇去描述这棵树。不是用树根、树叶、树干这些词语,而是描述一些未知的方面,这些方面只有从诗人的描写中才能获得尊严。

请想象这样一个画面:一个满身才气却没什么耐心的青年人被带到一棵树前,正是从这棵树出发,年轻人的导师会将他介绍给伊万·屠格涅夫、埃米尔·左拉等大人物。导师让年轻人忘掉他已经习得的一切,真正地去认识那棵树。年轻人尝试、努力、挣扎,却失败了。之后,他开始学习。也正是由于这一次练习,年轻人后来才写出了名垂青史的伟大作品。

福楼拜的教导不仅适用于写作：正如胡塞尔所说，不论你打算从事什么职业，这种现象学的思维方式都是一种基本方法。这是摆脱"大家都这么做"的惯性、向新事物保持开放态度的基本方式。

现在明白了？你也试试吧！选一个你喜欢的东西，如一棵树、一支笔、一个水瓶、一把刀，或者就是这本书。仔细观察它，就好像你是第一个看见它的人类一样。在下一页描述你看见了什么：水瓶不再是一个水瓶。它不是用来装水的：打破限制、想象，真正地去认识这个水瓶。

福楼拜解释道："我们必须长时间地认真观察想要表现的东西，直到发现它没被别人看见过、描述过的那一面。所有事物都有仍未被探索的一面，因为人们用眼睛观察事物的时候，只习惯回忆前人对它的想法。最细微的事物中也有被忽略的东西，让我们去发现它。要描述熊熊燃烧的烈火和平原上的一棵树，我们就应该站在这堆火和这棵树面前，直到发现它们与其他的火、其他的树不同的特点，这样才能创作出独特的原创作品。"

我们将福楼拜的教导方式分成几步：

1. 我们应该长时间地认真观察我们想要表现的东西,直到发现它没被别人看见过、描述过的那一面。也就是:关注它。
2. 所有事物都有仍未被探索的一面,因为人们用眼睛观察事物的时候,只习惯回忆前人对它的想法。所以要建立秩序,创造空间。
3. 最细微的事物中也有被忽略的东西。让我们去发现它。去认识、理解,让自己感到惊奇和惊讶吧。
4. 要描述熊熊燃烧的烈火和平原上的一棵树,我们就应该站在这堆火和这棵树面前,直到发现它们与其他的火、其他的树不同的特点,这样才能创作出独特的原创作品。去实现自我吧。

转描效应

你看过电影《半梦半醒的人生》吗?这是理查德·林克莱特执导的一部杰作,上映于2001年。名称的灵感源于乔治·桑塔耶纳①的一句格言：醒着的生活是一个被控制的梦。这部电影轰动一时，几十年来在哲学系学生中引发了无数讨论。这部电影中，林克莱特专门选择了在《黑暗扫描仪》中使用过的同一项技术：转描。

这项绝妙的技术是一种介于电影和动画之间的摄影技术。事实上，转描就是一种动画制作技术，它可以重新绘制之前拍摄的影片中的场景。转描的效果总是如梦如幻，令人惊叹。一旦被重新绘制，再普通的镜头也会展现出古怪的、不同寻常的特征；舞动的轮廓和奇特的颜色增加了悬疑的氛围。在这种技巧的支撑下，电影的主题显得更加深刻、更加有力（此类大师还有拉尔夫·巴克希，如果你想寻找近年来的作品，也可以上亚马逊会员视频观看高分好剧《抹去重来》）。

你可能以为转描是一项专门的电影技术，并不适用于其他艺术领域。其实，这个概念适用于任何地方。亚历桑德罗·佐杜洛夫斯基②在他的小说《当特蕾莎对上帝生气时》里就用到了转描的手法，这本书原名为《鸟

---

① 西班牙著名自然主义哲学家、美学家。主要著作有《美感》《理性生活》等。——编者注
② 俄罗斯犹太裔智利、法国籍导演、编剧、演员、作家和制片人。——编者注

儿在哪里歌唱最好》,巧妙地化用了让·科克托的一句话"鸟儿在自己家的那棵树上歌唱得最好"。

在这部伟大的作品中,这位智利艺术家完整地描绘了自己的家族史,我们在播客中曾对此进行分析①。佐杜洛夫斯基描写了自己的母系祖先和父系祖先在俄罗斯和南美之间的辗转,在真实事件的基础上添加了冒险和想象的成分。例如,一位舞者普通的死亡成为史上最不可思议的舞蹈表演,他舞动的躯体爆炸成了烟花。每个家庭成员独特的个性都被放大、增强,变得怪诞和奇异。如此,生命的所有意义就都显现了出来。可以看出,这是一种对祖先的深刻敬重。佐杜洛夫斯基没有在叙述的客观性上表现出自己的忠实,而是在一种神圣的谎言、在神话般的叙述中去接近真实。正如他伟大的启迪者葛吉夫所写:"真理只能以谎言的形式说出来。"因为,"现实是梦想的逐渐演变",佐杜洛夫斯基的"神圣的骗子"这一概念正是对这句话的延续。并且,由于"不可能让无知者学会聪明人的语言,因此聪明人要学会无知者的语言,这种语言主要由缺乏逻辑的图像和行为组成"。

---

① 指本书作者的播客内容。——编者注

萨特写道:"人必须要选择:要么生活,要么叙述。"此外,他又补充了一句:"当你生活的时候,什么也不会发生。"该怎样走出这种困境呢?

学会在你的生活中抓住一系列片段,讲述它们并确保你领悟了它们。从生物生存的角度来说,叙述是一个基本的过程。如果没有一条叙述的线索将所有的经验、解释、情感都串在一起,那世界就是不可理解的,在我们看来过去就是一系列互不相关的、不断变化的碎片。你的生活取决于你自己讲述生活故事的能力,你应该准备好在任何地方做出任何必要的改变。例如,事实证明,编写传记叙事文学对于治疗学习障碍非常有用。

这不是撒谎,而是学会叙述。

另一种结局

为了真正了解转描的感觉,你应该将它付诸实践。从你的过去选择一件事,一件一旦想起,就会感到相当激动的事情;一件每当想起,总会感到急切与不安的事情。对你来说,它代表了一个很重要的时刻,也许是好的,但大多数时候是坏的。比如在大学里补考4次后终于通过了;伴侣在讲了一通梦想和承诺后却又离开了你;父亲终于说出他为你感到骄傲;眼看一切终于好起来之后,你的世界却分崩离析。花点时间,好好选出一件真正重要的事情。

现在,转描!就像林克莱特在《半梦半醒的人生》中、佐杜洛夫斯基在《当特蕾莎对上帝生气时》中所做的那样,在这个事件的基础上开始描绘:在故事中加入一些异想天开的、超现实的、童话的、神话的元素。把事件放大,将它吹嘘到最大。不要着急,把所有东西都写在日志中:请注意,要做好这个练习,你需要花一些时间。

例如,改变你身处的场景:你11岁完美表演钢琴独奏的音乐厅可以变成维罗纳剧场或是天狼星B上一个水下城市的熙熙攘攘的广场。加入一些想象的人物或动物,神、宇宙飞船、恐龙、公平的社会……你可以自己选择。

还有,如果你不喜欢那个真实故事的结尾,就改变它:为那条被堵住的路添上一段,说出那次没有说出口的话,与关系破裂的人重归于好。

我们将这种转描的练习带给很多研讨班上、公司里的人,每一次,如果写故事的人接受挑战,就会收获一个奇迹。以幻想为核心来重新讲述你的故事,可以重新获得那些你以为已经失去的力量。

思　　考

如果某些事件太近或太远,你就不能全盘接受它带给你的所有教训。这是一个待阐明的问题。

"老狐狸"卡尔·古斯塔夫·荣格在《意象》一书中非常清晰地描写了这个问题,他提到了占星术:"似乎某些星宿的品质也融入了我们的心里,仿佛人类的灵魂是由来自星空的物质组成的。因为从一开始,占星术就是人类无意识的心理在星相上的一种投射……似乎我们所拥有的最隐秘的知识,都源于天空。我并不能通过直接观察了解自己最独到、最真实的性格,我应当在天空中去搜寻它们。"

这当然不是讨论占星术的合理性或是反科学之处(毕竟我们俩[①]一个是摩羯座,一个是与土星相合的射手座,你想要我们怎么说呢)。但是,这个契机可以帮我

[①] 指作者二人。——编者注

们很好地理解荣格这些话想表达的意思。

现在，请不要作弊：这一段的标题是什么？不返回去看，你还记得吗？

也许你记得，也许你忘记了。这就是所谓的思考。做过某件事又忘记了，是一件常见又危险的事情。我们经常会在收集观众一系列的问题之后打断正在进行的课程或是研讨，然后询问观众：第一个发言的人说了什么？

一般都没有人记得第一个人发言的内容。在那种情况下，我们通常对来自讲台上的内容感兴趣，而对从听众里传来的声音缺少兴致。如果是那些为了讲话而去的人在讲话，你就听；如果是那些为了听别人讲话而去的人在讲话，你就会嗤之以鼻。任何多余的介入都是无聊的浪费时间。你不听这些，是表面上的不听。这确实是个遗憾，因为故事正是从边缘被发掘出来的。从侧面的角度，人们能够得到意想不到的、启发性的想法和体会。让自己倾听所有的声音，而非只听讲台上的教师讲授，才能得到最好的课堂效果。

总之，要思考。请注意，这是一个美好的词汇。它源于拉丁语 con-siderare，从字面上理解就是和星星在一起,或是观察星星以获得预兆和指引。这暗示了两件事:星星为我们指明了一条路;这种指引是可以被解读和付诸实践的。

如果不去思考,就会有坏事发生:你会僵化。从词源学的角度,可以清晰地解释僵化一词:就像人们通俗地说,你受到了某颗星的不良影响。仔细观察,抛开星星可以带来厄运或好运这种愚蠢的想法,从字面上看,"僵化"一词指的就是你与星星的指引的偏差。如果你不去关注星空,就像荣格写的那样,在看星星的时候没有辨别出星星的指引,你就会被冻结住,一动不能动,正像那些被冻死的人。

相反,如果你懂得思考,你就知道该怎么做。

还有另一个包含星星的词语:渴望。渴望者是战斗结束时站在星空下等待尚未归来的战友的士兵(恺撒《高卢战记》)。因此,渴望就是星空下的等待,一种燃烧希望的等待。

词源学就讲到这里。

但永远不要停止观察这些词语。每当你看到一个好词,一定要记住它。尝试使用它,让它发扬光大。想想艾米莉·狄金森①写的:"世上没有比语言更有力的东西。有时我写下一个词语,观察它,直到它开始闪耀。"你难道没有遇见过日常用语突然变得崇高的时候吗?例如,犰狳、链接物、白色涂料或沥青路面。我们忽而发现自己从未真正倾听过这些词,从未完全体会过它们的壮观。这么多年来,我一直在重复着山丘这个词,怎么可能从未意识到它的力量呢?这种惊奇也许并不是源于它的某个词义,也不是它背后迷人的词源。更确切地说,这种惊奇就像一直在观察这个词,直至看见它自己漂浮起来,悬在空中,充满庄严。每一个词语都有(或者说,都是)一个小孔,透过这个小孔,可以窥见一个充满欢乐氛围的、充满创造力的深渊,无穷无尽的语言从这里诞生。

话语是用来做什么的

话语是用来做什么的?你会说,是用来说的。当然如此,但它们更是一种神奇的工具,我们用这些工具来体验欢乐、感受痛苦。事实上,表达是它们的第二个作

---

① 艾米莉·狄金森(Emily Dickinson),美国传奇女诗人。自25岁起弃绝社交,埋头写诗30年,留下诗稿1 700余首。——编者注

用。通过话语,即通过给事物、感情、行动赋予某个名称,可以缩小我们与周围这些事物之间无法跨越的距离。人类是理性的,这个无法跨越的距离正是在我们开始推理时创造出来的。因为理性既是帮助你理解的优秀工具,也是将你和世界分隔开来的手段,它让你感到自己与世界、自然的差异。推理是一种向外的运动,因为只有当你走出这个世界,才有可能真正丈量它。

问题在于,走出这个世界时,你会感到不舒服,因为你失去了与世界融为一体的那种自然的愉悦。这就是话语的作用,话语就是理性对自身的反抗。话语一词源于拉丁语parabola,由希腊语paraballo衍生而来,意为"放在一边"。懂得如何使用话语,就有能力对事物进行比较。因此,话语就是一种拉近距离的方式:每个词语都是一个寓言,都讲述了一个有助于连接和靠近的故事。

这也是一个动态平衡问题,不能太近,也不能太远。此外,每个词语都是一座冰山,我们只能看到冰山一角——词义。但在水面下,还存在着一个绵长的故事,它由演变、事件和生活组成。词源学最深刻的表现,并不局限于讲述这个词汇的起源,而是调查它的变化和价值,特别是它的意志:因为只有通过"意向",我们才能理解一个词语的诞生、成长和消亡（就像理解一本书一样），也许还有它的重生，总之，一切都指向同一个方向。

选择一个词，花点时间在它身上。让它升华，它会慢慢开始发光，直到闪耀并慢慢地将你点亮。抛开重量不谈，"举起语词"也应该作为一个奥运项目。

试一试吧。我们为你提供了一些建议：

- 肉片
- 傲慢
- 腹腔
- 香草
- 暴动
- 深蓝色

举词愉快！

✧

如果你很着急，请前往第 12 章。

反之，请前往第 7 章。

第 10 章
想象力的挑战：力量与脆弱

一些表达方式已经成为我们日常用语的一部分。使用它们时，你开始不再深究它们的原意，因而也不会意识到它们对你产生了多大的影响。例如，在吉安卢卡·瓦奇[1]的左手背上，"享受"和"掌控你的生活"的字样旁边，就文着"自愈"一词，这是上述表达方式中最广泛、最普遍的词语之一。自愈被大多数人视为治愈一切病痛

---

[1] 意大利富豪。——编者注

的灵丹妙药，也是走出我们这个黑暗、复杂又疲惫的时代的一条完美路径。

你需要学会主宰自己的存在，不被各种事件压垮，有能力应付任何不愉快的情况，始终以最好的状态来应对生活中的挑战与创伤。然而，认真来说，自愈的概念常被用作对上述建议的全盘否定。

其实，"自愈"一词最初是工程学术用语，近年来跨越了生物学、信息学、生态学和心理学，最终被借以描述一种承受冲击、经历创伤或形变之后自我恢复的能力。你应当像一块金属，在经历了锤炼之后，仍能恢复之前的状态；又像20世纪90年代的无螺栓木偶，经受暴虐的碰撞测试和残忍折磨之后，仍能恢复之前的样子（不论多一块或少一块）。每次被击倒后，你也应当重新站起来。

自愈一词的应用——对这一术语最广泛的解释中——也包含了一种有害的想法，即不惜一切代价，尽快恢复良好的状态。如果一个没有批判精神的人一股脑儿接受了这一想法，就得承受被种种需求消耗的风险。拒绝痛苦和疲劳，不愿活在黑夜里，努力学习却学不会承受苦难。有自愈能力的人绝不会主动向黑暗屈服,这种力量不断强迫着他们走上生命的舞台,让旁观成了一种奢侈。自愈不允许低效、不完美、劳损,因为痛苦不一定会带来馈赠。

有必要偶尔保持疼痛,因为疼痛让人难受。没必要总是显示自己比周遭环境更加强大,没必要适应一切,当某个理想的道德伦理只是从物质世界的概念转化而来,就没必要完全恪守它。

拥有自愈力往往代表希望一切都回归一个完美无瑕的世界,却没有以实际行动来改变现状。你也许会想"我是一个能够自愈的人,但这根本就不是我生活的方式,我不想要一个一点儿问题都没有的世界!"

那么,请跟随这一章的内容,你也许会发现一些新的、不那么被滥用的术语来描述你的态度。

窃取一点快乐

面对一个不可理解的世界,大多数人唯一可以做的事情就是保护自己、保护自己的身份,争取在某一天某场不可避免的龙卷风之后,重建自我。

就像伍迪·艾伦的电影《怎样都行》中的男主角鲍里斯·耶尔尼科夫：这个世界为混乱以及人与人之间的相互倾轧所统治，只要能从这里窃取一点点快乐，那么怎样都行。

如果生活没有意义，不如为外在的事情忙碌奔波，努力让生活摆脱不必要的麻烦。这种态度的问题在于，它剥夺了生活中出现任何奇迹的可能，消解了生活的所有深层意义，最后会让自己为世界所用，世界因此可以毫无风险、毫无悔意地咀嚼你、抛弃你。反正你有强大的自愈能力，知道怎么找到每件事最好的一面，没有什么能真正触动你。

如此，由于一再受到生活的打击，由于总是假装坚韧不拔但事实并非如此，自愈能力就这么变成了无能为力。比起总是能在摔倒后重新站起，不如坐在地上更好一些。

个人的自愈能力（与集体的自愈能力以及人类整体的自愈能力不同，人类学对后两种能力进行过有趣的研究）往往是一种自然态度，它是人们屈服于生活以及长期焦虑的后果，他们担心失去对事物的控制，害怕建立一种新的生活意识。

就像埃文斯和里德在《弹性生活》中所解释的那样："自愈能力就是自由主义政权向新自由主义政权的政治性过渡的一部分,是一种灾难性的、反人道的新法西斯主义。"

阻力为佳

若要从工程学中借用一个术语,不如从阻力这一概念开始。阻力,就是物体阻碍流体通过的能力。懂得阻力的人不是等待着紧张的状态自己消失,也不是假装什么都没有发生,而是积极地反抗它。

有自愈力的物体是被动的,而有阻力的物体则是积极的,它承受着来自对立面的伤害和变形,不装作什么都没有发生。它感受着痛苦和疲劳的折磨,但仍然继续反抗。阻力意味着冒着痛苦和消失的危险,抵抗全面毁灭,从而获得经验。在目前的状况下,比起准备好用自愈力来接受无知、种族主义、权利的逐步废除,出现新的阻力更为关键,因为阻力能够为伦理、社会和政治画下一道不可逾越的底线。

积极的虚无主义

阻力是尼采所谓的积极的虚无主义的起点。也许你个人的阻力并不能改变什么,甚至会让自己分崩离析,但你还是会抵抗,拒绝接受全面毁灭。在这种反抗的推动力中,不仅包含了你自己的个人利益,也包含了对一种新的伦理的坚持以及超越自身的一种共同价值体系。

与被动虚无主义者一样,积极的虚无主义者也认为,生活是没有意义的。但与前者不同,他们不仅限于就这样接受生活的复杂和混乱,准备好与原本的自己背道而驰,但也从不放弃用世界来衡量自己。阻力一词源于拉丁语 re-sistere,字面意思是坚实的、牢固的、稳定的,不失去自己所获得的位置。人们必须时刻保持警醒,才能得到尊重与保护,因为没有哪项权利是永久的。

保持阻力意味着从不顺从,从不停止愤怒,就像狄兰·托马斯所说,"疯狂地抗拒光的湮灭[1]"。

---

[1] 选自狄兰·托马斯(Dylan Thomas)《不要温顺地走进那个良宵》。——译者注

抵抗、冒险、反脆弱

哲学家纳西姆·尼古拉斯·塔勒布提出了另一个术语"反脆弱"来表示既没有自愈力也没有阻力的状态，但它能让人从巨大的冲击中获益，在同时承受风险、危机和不确定性的情况下茁壮成长。在困难面前，反脆弱不仅强调复原，更以完善自己为目标。反脆弱意味着用未知的东西来衡量自己，面对不确定性，推动自己再向前一步。

一个有自愈力的人可以自我孤立，享受自我；而一个有阻力的人往往需要集体。在普通的思维看来，这是一个弱点，但恰恰相反，这其实是一种力量。就像德·安德烈在《在我的自由时刻》里面唱的那样，一个囚犯的反抗最多就是放弃一小时的放风时间，无法造成任何实质上的改变；但如果一群抵抗的人联合在一起，就可以从象征意义上囚禁监狱的看守人。

因此，让我们将无螺栓木偶留给那些没有想象力的人，承认自己的阻力，重拾乐高带给我们的奇迹：乐高玩具能够不断改变自己的形状，变成一座城堡、一头狮子、一艘船；乐高玩具喜欢热爱挑战想象力的人，只有当所有人一起搭建的时候，才有可能建造出不可思议的模型。

摆脱自由的束缚

我们感到比以往任何时候都更自由。然而，有些事情并不尽如人意：所有事情都在我们的掌控之中，我们却不知道该做些什么。就像萨特在《存在与虚无》中写的那样，自由是消极的，因为"我们没有选择不自由的自由"。如今，我们被迫面对这个世上无可救药的混乱，内心深处产生了一种极度的苦闷，比以往任何时刻更甚。自由就是人类所面临的痛苦，这种痛苦即我们终于明白真正地观察世界，往往意味着发现自己被迫获得自由这一事实。

对萨特来说，自由就是从无到有地实现一个计划并且持续更新它。这个计划就是人们自己，而实现它的唯一条件就是超脱于自身以外，在世界中真正地迷失自我。

也就是说，要学会存在：ex-sistere，即海德格尔所说的从自身当中涌现出来，亦即处在自身之外。因为存在就意味着不再具有永久的、停滞的、固定的属性，而是不断地引导自己超越永恒，走向可能性和创新性，随时准备改变。其实，这位德国哲学家曾写道：存在是一种可能性，拥有真正做自己的自由的可能性。

当代个人主义表现为与悲哀共生的艺术，这种悲哀正是源于意识的出现：我们意识到自己是不幸福的，因为我们是自由的，但是这种自由迫使我们审视自己，从观众的角度观看生命的伟大演出。在我们看来，先前的自然是一种幸福的状态，但对这种自然的复制反而是反自然的，我们渴求的似乎是有意识的演出和好的表演。人们把以前根本不是问题的事情问题化，为事物增加了一个维度（这个维度往往是多余的）并自我沉浸在这种生活的状态中。大多数情况下，正是对世界的过度关注将我们推离了这个世界，幸福闪现一秒钟后就会消失在怀旧的洪流中。

不过，意识的增长有时也能揭示我们所观察的对象和主体，这些难得的案例证明了令人痛苦的失败正是有意识的生活所带来的。为了清楚地阐明遇到的问题，我们自由地、同时也被迫地远离了这个问题。就像一艘船，为了靠岸，必先在远离岸边的海域航行，无止境地寻找是否有港口的存在。

请记住，人终有一死！（哦，我记住了！）

自愈能力使我们都忘记了一个明显的事实：每个人终将死去，生命中很多事物也都超出了你的掌控范围。

消极的想象也叫最差预期，是斯多葛派所践行的基本训练。其中一个练习就是学会通过想象来适应最坏的可能性，即最差的情况。

他们练习想象这样的生活：例如某一刻你丢掉了努力多年终于得到的工作；例如你投入了自己所有精力的事业最终失败了。就像这个世界在你脚下坍塌。

请注意，斯多葛主义者不是受虐狂。他们着眼当下，通过上述练习揭露人类的天性，因为他们认为人性在逆境中表现得尤为明显。在脑海中创建一个充满困难的场景并面对它，意味着建立了一个磨炼灵魂的地方。在那里，人们能够加深对自己的理解。如果之后出现了灾祸，他们也不会措手不及。

就像马可·奥勒留在《沉思录》中所回忆的："我们

的行动可以受到阻碍，但是我们的意图和精神不能，因为我们有能力改变自身以适应任何情况，我们的头脑懂得调整行动中的障碍并将其转化为目标。那些阻碍行动的东西，事实上会推动我们前行。那些挡在路上的阻碍，也会变成道路。"

只有走不通的路上才什么都没有。斯多葛主义者的尝试并非我们今天所说的自愈能力。他们从不强行利用冲击力来使自己恢复原始的出厂状态，然后继续自我消耗。正相反，他们让我们时刻处于痛苦、疲惫、死亡等概念中，以便随时准备好面对不幸，尤其是，要时刻在紧张的状态中生活。"当不幸来临时，永远不要说'我没有预料到'；事实上，你应该已经预见了它们，如此便不会措手不及了。"塞涅卡如是说。

正如你是一个活着的生命体，你也是一个正在走向死亡的生命体，从出生到死亡的旅程不可逆转。活着到死亡的过程会一直持续，避无可避，直到你死去的那一天。没有任何自愈能力能够阻止生命的消逝。

马可·奥勒留在《沉思录》里还写道："你可以现在就放弃生命。做你想做的决定，说出你的想法。"我们的存在转瞬即逝，不要因为一切都会成为过去，就可以肆意挥霍所有的财富；要让生命的短暂成为一种警诫，提醒你充实地度过每分每秒。"把每天都当成最后一天去过的人，永远不会缺少时间。"[①]塞涅卡说。

记住死亡（malete thanatou）是斯多葛主义者最差预期的巅峰，他们的思想根源来自毕达哥拉斯的"请记住，人终有一死"。

记住死亡这个表达源于一个古罗马的习俗。战争胜利后，古罗马的将军们会在首都的街道上游行。当他们经过两侧欢呼庆祝的人群时，一位战友会在将军的身后对他耳语这句话："看看你的身后。记住你是一个凡夫俗子。"

你是一个凡夫俗子，你注定要死去。在紧张的状态中生活，是的，但不要过度重视荣誉、掌声和胜利。重要的是让你的存在闪闪发光，让存在与爱好保持一致。时刻保持清醒。

这就是你要做的。

---

① 选自塞涅卡的《道德书简》。——译者注

你生命的最后一天

在明天晚上选择一个时间点作为你的死亡时间。例如,周一的 22:15,你会死去。选好了吗?好的。现在,开始相信这件事。将明天当作最后一天去安排它。对了,我们要解释一下:你不用真的死去,我们必须避免误解。你最起码得先看完这本书,我们还有很多事情要解释给你听,如果你提前离开,那就太可惜了。

但是明天,你得像真的只剩下几小时的生命一样去生活、行动和思考。在手机上设置好每隔 3 小时就会响一次的闹铃,提醒自己(请清晰地写下:今天我会死去)。

每个人都能说得很好:"将生命中的每一刻都当作最后一刻来过,因为你可能再也不会醒来。""请记住人终有一死。"这些句子你已经读过很多次,或许它们还有点让你觉得可笑,你会和特罗西一样说:"是的,是的,我记住了。"[1]

是的,真正记下它。把它写在某个地方并决定

---

[1] 意大利戏剧和电影演员马西莫·特罗西的经典台词之一。——译者注

在死亡到来之前尽可能认真地生活。正如马可·奥勒留明确建议的那样:"如果你做每件事,都像在做你在世界上做的最后一件事的话,就停止漫无目的地游荡,停止让你的情绪凌驾于思想之上;停止虚伪,停止以自我为中心,不要随意发火。看见了吗,为了过一种充实和令你满意的生活,你需要做多少事情?如果你能做到的话,就连神都没有什么可以要求你的了。"

这就是记住死亡的意义:不因为难逃一死而不去严肃认真地生活,而是将死亡当成一个非凡的工具,为自己的存在赋予尊严,克服以自我为中心的狂妄和自负。米歇尔·福柯在《主体解释学》中写道,为了"使自己成为真实行为和正确知识的主体"。

到目前为止,应该一切都清楚了:明天是你在这个世界上的最后一天,在每一个动作中都记住这一点。你必须尊重每一刻。

不过现在,让我们把事情变得更复杂一点。在给卢西利斯的第十二封信中,塞涅卡引用了赫拉克利特的话,"某一天也就是每一天",然后写道:"每一天都必须准备好,就像是一群人聚在一起,要结束并充实自己的生命。"

除了你生命的最后一天外,明天也是你生命中的一天。你应该"好好计划、好好度过这一天,把每一刻都想象成是你生命中重要的一部分,以及最后存在的那一天的最终时刻"。

请把明天的每一个小时都当成生命中的一个阶段来过,而明天的最后一个小时,自然也就是你生命的最后一个小时。

根据以下两层意义进行明天的安排:你整个生命的缩影以及你生命的最后一天。

这个游戏的规则十分复杂,但这些努力至关重要,因为可以就此发掘生命的许多方面,避免让它们淹没在我们的日常生活中。

"死亡"愉快!

近200年前,在《草叶集》中,沃尔特·惠特曼曾写道,我辽阔博大,我包罗万象。你呢?你有勇气面对众生万象吗?

如果有的话,请阅读第5章;如果没有,请前往第12章。

第 11 章
关于障碍和跳板：
如何让愿望成真

事实上，我们的多数愿望都不是自己真正的愿望。这是一种外界干扰，有一种声音告诉我们，应该渴望这些东西，于是我们将自己一生中的思绪、时间和精力都投注在实现并不真正属于自己的规划上。我们仿佛从小就被放在一条笔直的轨道上，只能沿着不属于自己的方向飞驰。

那么如何才能判断愿望是否与自己有关？如何才能

看出这些愿望是否已经准备好成为待实现的计划？计划在自我实现的道路上又扮演了怎样的角色呢？

重要的是，将你的计划视为理解付诸实践的机会。计划绝不会决定你所做事情的最终意义，也绝不应成为对一个人终极判断的基础。

欲望与情绪

欲望是指明方向的箭头，通过唤起兴奋的方式帮助我们识别方向。首先，欲望应该激发情绪，而非责任感、愧疚感、挫败感，亦非只要欲望实现就能最终获得幸福的想法。

情绪是一个真正的奇迹，它通过已知和未知的途径在我们的身体中穿行。正如山姆·基恩在《神经外科医生决斗逸事》中所描述的："情绪虽然由大脑的边缘系统处理，却常常以复杂且令人惊讶的方式泛溢到大脑的其他区域。一些视觉皮层受损的盲人，无法通过视觉感受任何周遭环境，却仍能够读懂他人脸上的情绪。因为，除了向高级神经中枢传送数据外，视觉神经也通过次级神经和阈下知觉向边缘系统传送数据。在主意识传导路线中断，但边缘、无意识路线仍保持完整的情况下，盲人会对微笑、皱眉或嘴唇颤抖等刺激做出反应，他们甚至自己也不知道缘由。同样，当面前的人打哈欠时，他们也会受到影响。"

情绪是推动我们向前的燃料，欲望是指明方向的箭头，天赋是前进的工具，爱好是过程中的感受，节制是我们一路上感受到的平衡感、责任感和自我管理。当一切同时齐备时，会发生什么呢？我们会感受到幸运，感受到个人的力量。

幸运，亦即身体从物理意义上感知意识的能力。这的确很难，但这种机会并非来自天空中的星星，而是在你的内心中培养出来的。如果它没有发生（发生都是偶然的），你也不必为此感到愧疚，重要的是确保能恢复到平衡状态。如果燃料耗尽，如果方向不明，如果我们不确定这是不是正确的那条路，那就停下来。毕竟，每一条道路都是一座迷宫，永远没有尽头，因此破釜沉舟、强行前进（即使我们不认为这是应该做的）就意味着违背自己。

分 类 法

你知道怎么解释"力量"一词吗？尝试想一想。

在你的日志上写下你的定义。你会发现，"力量"的力量之一就是它很难定义，很难说清它到底是什么。

现在，在你的日志上写下你所有的恼怒、担心、不安，从头到尾一个一个地写。慢慢来。然后，在下一页的正中垂直画一条线。在左边一栏写下你能力范围内可以解决的问题，在右边一栏写下你没有能力解决的问题。仔细思考每个问题的正确位置，确保考虑到所有的可能性。我们建议你经常重复这个练习，它会让你学会伊壁鸠鲁的分类法，从字面上理解就是划分、分开。

这就是幸福的秘诀：这种能力让你明白生活中应该着手于哪些事情而放弃哪些事情，因为后者并不是你可以决定的。如果明白了什么是可以改变的，你就会专注于此，避免浪费精力。不浪费精力去改变别人对你的想法，而将其集中在自己的任务和目标上，就可以避免憎恨自己或憎恨他人。

伊壁鸠鲁解释道，让你不安的不是发生在你身上的事情，而是你对这些事情做出的判断。这些判断常常会让你将自己的不幸归咎于他人：这就是没有正确运用分类法时会出现的情况。

不过，请注意，不要止步于下一步：责备自己。没有任何人应该被指责，你只是需要弄清什么事情在你的能力范围内，什么事情不在。"不要责备自己，也不要责备他人，这才是完整的分类法的教育"。这是一种哲学式的教育，它为人们带来自由和幸福。莱因霍尔德·尼布尔（你也许在《匿名戒酒会的十二步骤》或著名电视剧《黑暗》中听过他）在《宁静祷文》的第一节中就很好地浓缩了这种哲学式教育：

主，
请赐予我平静以接受我无法改变的事情，
请赐予我勇气以改变可改变的事情，
请赐予我智慧以认识到二者的差异。

愿　　望

吉尔·路易·勒内·德勒兹说，我们都是欲望的机器，然而真正的欲望和被诱导的欲望一般很难区分。我们持续地承受着广告和社交网络的轰炸，意识到有许多条道路摆在我们面前，却无法识别哪一条才是正确的道路。并不是所有的愿望都可以变成计划——也就是通过自身努力以及工作规划可以实现的事情。有些愿望是经由外部选择实现的（所以并不是由于我们做了什么），或是还没有成熟到可以成为计划。我们希望实现这些愿望，但又觉得还不是时候。

到目前为止，我们已经谈论过爱好、价值、道德和正确的标准，现在我们将会陪伴你开发一个新的练习——WOOP——这个练习非常有用，可以帮助你了解哪些东西是你真正渴望的，以及一旦决定实现愿望，你可能会遇见哪些障碍。

这是世界著名心理学家加布里埃尔·厄廷根[①]所开

[①] 加布里埃尔·厄廷根（Gabriele Oettingen），美国纽约大学、德国汉堡大学心理学教授。——编者注

发的一个练习。30年前,厄廷根开始在纽约大学工作,在面对考试、实验或其他需要达到的目标时,她意识到自己的积极想法是如此根深蒂固,总是觉得一切都会好起来。

而她并不相信这种想法,所以决定研究动机科学。最后,厄廷根得出结论,其实我们以为会阻碍我们实现自己愿望的最大障碍,通常都会加速愿望的实现。而且,我们通常也并不会纠缠于障碍,因为障碍使我们士气低落。这种乐观主义促使我们只专注于想要获得的东西,想象出一个田园诗般淳朴而美妙的未来,最终认为自己是完美的。事实上,这种乐观主义是对远见的极大阻碍,因为它妨碍了我们从客观的视角去看待事物。

现实是复杂的,在引导我们实现愿望的道路上,可能会发生无穷无尽的事情,我们难以从情感和实践的层面处理所有的变量。有些人甚至没有出发,因为那些障碍看似无法克服;有些人希望所有事情尽在掌控,便只能放弃对自己工作的情绪和好奇心;还有些人认为积极的思考可以解决一切问题。那么,我们应该做些什么呢?寻找正确的措施(依然是节制)然后学着将障碍视作跳板,而非不可翻越的围墙。

WOOP的方法不能帮助你预测愿望实现过程中将会出现的所有情况，但它会告知你一些可能出现的障碍（有内部的也有外部的）。有些是你已经知道的，有些经常出现在你的生活中，还有些你现在就可以明白——在你开始自己的计划之前告诉你怎么去克服它们。

如果一个人仅限于幻想未来——就像那些无视障碍的人所做的那样——那么他实现梦想和愿望的可能性就非常低。这种人专注于沉思的生活，从不行动。厄廷根已经证实，发生这种情况是因为思想在生理层面上引发了反应：你已经隐隐约约感觉到体内释放出的内啡肽，就像愿望已经实现了一样。但是，那些内啡肽应该被用于行动。沉思的生活必不可少，因为它有助于你为自己充电、理解自己、了解自己想要突显哪个部分，但总有一刻，你得转向积极的生活。节制与此有关，它有能力在这两者之间架起一道桥梁。通过沉思的方式耗尽愿望的能量能令人感到无比愉悦和欣慰，但也会让我们更加软弱。

这个话题通常会导向一个经典问题：是否应该消极思考呢？答案是绝对不能！再说一遍，我们需要找到正确的措施，使自己的思维同时从各种视角观察问题。厄廷根将这种办法称为思维对比法，因为其目的是要将梦想、对未来的想象、障碍以及克服障碍的办法都放在一起，尽量少做选择。具体来说，就是把梦想和障碍放在一起，真正地整合它们，在两方之间形成对比。

事实上，不知不觉中，我们的头脑只选择了已经发生的部分和可观察到的部分，面对复杂的事件时尤其如此。特别是当我们带着情感被卷入这些事件，就更无法看见它的真实情况，不过，尝试以更客观一点儿的方式去看待它还是有可能的。

选择是自然发生的，因为在承认自己拥有不断变化的欲望的同时，我们也害怕自己被阻碍，从而失去动力。因此，最好的方式就是给自己打气，想象着一切都会好起来。然而这种想象只会导致我们在障碍来临时毫无准备。

常识并非如此明显

当我们解释如何进行这项练习时（也许在企业的研讨班、也许在学校、也许在协会和节庆活动中），所有人的第一反应是，这太明显了。似乎每个人需要意识到某件事情的时候一定会这么做。但事实上你会发现，自己并没有这样做。你在脑子里一遍遍地想象着可能发生的事情，思索、感到害怕或坚信一切都会好起来，但没有把自己的想法记录在纸上，而正是这一点造成了世界中的所有差别。

这一次，我们也建议你使用日志，或至少使用纸笔来完成WOOP的练习。其实，在这种情况下，电脑文件或表格完全无法涵盖在纸上自由书写的一系列反应。WOOP练习通常不会持续45分钟以上，且需要我们集中精力。

厄廷根的研究主要集中在想要戒烟、减肥、提高大学平均成绩、术后康复的人群中。通过WOOP，人们可以查验并规划一个短期或长期的愿望、一些重要的事件或是待解决的实际问题。可以从"我想要更换客厅的陈设"到"我想要以自己的生活为原型写出一本伟大的长篇小说"。

WOOP完成之后，根据计划使用具体的规划系统会变得很实用。例如，如果是一个工作计划，你就可以使用甘特图①。但在使用这些工具前，完成 WOOP 是很重要的，因为它可以帮助我们看清现有的规划系统没有考虑到的方面。WOOP 是希望（Wish）、结果（Outcome）、障碍（Obstacle）、计划（Plan）的英文缩写。它是一种叙事工具，以某个设想作为关键成分，让我们进入自我倾听和理解的维度。此类工具之所以能够发挥作用，就是因为它为自我教育和验证愿望提供了可能。

因此，WOOP 不是一根魔杖，因为没有任何技术可以成为魔杖，但它激活了理解的过程。一旦你需要看见局势的复杂性，特别是当障碍反复出现时，它就会成为一个实用的工具。它对于激活自我实现的过程很重要：如果你脱离了轨道或将自己从社会的压力下解放出来，就更难了解自己真正想做的事情以及该怎样运用自己的能量，因为你将会失去外部权威的指引。

生命的意义、个人的价值、个人的选择都是你自己的责任。为了确保自己不会被负担压垮，你需要在深思和行动之间、在深入倾听和规划之间找到平衡。

缺少情绪、愿望和使命感的支撑，规划就是一个

---

① 指横道图或条状图。——编者注

空壳。然而，如果自我倾听之后再确定规划，就可以将个人感受带入世界，从而使规划变得至关重要。你可以有1 000个愿望，但不可能一一实现它们，所以你得明白要把自己的时间和精力倾注到哪些事情上。这是个游戏，也是让你感受到与自己的爱好相一致的机会，但是为了让你投入游戏的过程，为了让你全情参与，至少目前你应该做出选择，玩哪些游戏，不玩哪些游戏。

我们会本能地将视线从面前的障碍上转开，但WOOP会尽可能地消除缓冲区域，让我们看见这些障碍。"为什么我不能通过考试呢？""这次我一定会好好思考、做得很好的！"这类想法使人感到安慰，但它也会阻碍你真正地回答这个问题。为什么你不能通过考试呢？在你考试的时候发生了什么？有什么外部条件和内部条件阻碍了你的考试呢？

厄廷根促使你提出这些问题，我们也催促着你把这些问题写在纸上。如果计划总是在同一个阶段被打断，那么你确实需要看见某些事情，意识到这一点也许会让你感到烦扰。这些事情有时是你自己的问题，是你忽视的行动和阻力；有时是别人的问题，是周遭的环境所导致的；而大多数时候，是这些原因一起造成的。因此，WOOP就是一个看待事物且首先是看待自己的方法，它试图使我们变得更加客观、更加诚实。对自己诚实也许会让我们感到不适，因为它会带来改变。

所以，WOOP并没有要求我们去控制什么（人永远不可能控制所有事情），而是要我们保持清醒，预见那些可能导致计划中断、因而阻碍愿望实现的因素。这涉及将自己从乐观主义崇拜中解放出来，因为乐观主义中往往隐藏了未解决的问题和负面情绪。正如我们说过的，这些问题和情绪永远不应被指责，因为它们都是很好的动力。如果你感到焦虑和恐惧，不要掩盖这些情绪，勇敢承认它们吧，这些障碍都可以被转化为你的跳板。

信任积极思维

加布里埃尔·厄廷根成年后从德国移居美国教书，她立即为美国人对积极思维的普遍信任所震撼。美国人相信积极的态度有助于克服困难，即使这意味着隐藏思想、怀疑及脆弱。例如，在厄廷根的印象中，当别人提问"你好吗"的时候，所有超出经典模式"一切都很好，谢谢你"之外的回答都会引起谈话者的恼怒,仿佛你违反了某个社会习俗。

有一次,一位费城大学的教授向她倾诉,由于在一次院系的会议中讲述了一些自己生活中遇到的麻烦事,这位教授被许多同事批评态度过于消极且影响到了他人。你可以感到痛苦或消极,但请把所有这些情绪留给自己,不要影响别人。你需要始终保持乐观。

厄廷根来自另一种完全相异的文化背景。起初,她认为这是一种可取的态度,能够鼓励人们的行动并保持良好的心情,但后来她想知道这是否真的有效,并决定以临床心理学为工具来回答这个问题。

她开始研究德意志民主共和国和德意志联邦共和国文化之间的差异,试图研究环境如何影响人的心理状态。当厄廷根与他们交谈时,他们提到了一种盲目的乐观主义以及未来会更好的想法。

乐观主义是什么?积极心理学的创始人马丁·塞利格曼认为,乐观主义就是在过去成功的基础上建立对未来的信心。因此,乐观主义与经验以及一种良性循环有关,这种良性循环可以通过行动帮助我们增加对自己、对世界以及对未来的信心。

然而，厄廷根在东德所经历的乐观主义并不是建立在过去的经验上的，而是建立在梦想之上的，赛利格曼以及其他的心理学家并没有对此进行过验证。一位画家朋友曾经告诉她自己缺少绘画的工具，并且能清楚地感受到当局对他的艺术创作欲望的不满，但他一直生活在有一天自己会去巴黎的信念之中。在"冷战"年代，这只是一种不可能实现的幻想，但这种幻想允许他不去客观地看待现实。

问题的关键就在这里。我们大多数人都生活在这种幻想之中，但这种幻想脱离了现实，并且往往隐藏了对幻想真正实现的恐惧。梦想着环游世界和努力发现、克服困难并真正出发去环游世界是完全不同的。有梦想就够了——也许我们会说，等我们的孩子长大了、等我们突然有钱了、等我们解决了将自己拴在办公桌前的一系列工作——但这也意味着已经接受这件事永远不会实现的可能。与此同时，幻想也是一种安慰，能够给予我们微弱的幸福感，就好似我们离出发其实只有一步之遥。这是因为，做白日梦①时所有的障碍都会消失。

---

① 白日梦，心理学名词。通常认为白日梦有积极作用。弗洛伊德认为白日梦是幻想的具体表现之一。——编者注

20世纪80年代中期,厄廷根开始对幻想在人类经验中所扮演的作用提出疑问,试图弄清它们如何影响我们的生活、行为以及梦想的实现。事实上,如果说乐观主义一方面源于经历(就像克里斯蒂亚诺·罗纳尔多和比莉·艾利什①,他们除了过人的天赋以外,还拥有成功的经验,因此他们在面对想要实现的新的愿望时,更有可能保持乐观),那么从另一方面来说,乐观主义也可能只是一场白日梦,与类似的成功经验没有任何关系,却往往与我们的阻力、不断重复的经历、多年来身陷其中的恶性循环有关。

在多年没有恒心的学习、改换院系,并且学业中断的前提下,妄想在短时间内通过所有的大学考试真的会使事情变得更好吗?

20世纪90年代,厄廷根决定从25个国家的减肥中的女性入手,以此回答这个问题。她试图了解这些女性如何看待自己减肥的愿望;成功的可能性以及她们对未来的愿景;同时她也询问了这些女性对自己的减肥计划的看法。一年后,她发现那些相信计划可行的女性确

---

① 比莉·艾利什(Billie Eilish),美国女歌手、词曲作者、模特。——编者注

实比认为自己不能按照计划执行的女性得到了更好的结果，但那些对结果抱有积极态度的女性和对结果抱有负面想象的女性所得到的结果却是相似的。

这是厄廷根的第一个实验。从这里开始，厄廷根对许多必须面对不确定结果的群体进行了实验，包括取得学位和髋关节术后康复。厄廷根收集了大量结果并证实了一个事实：幻想目标的实现对真正实现目标并没有帮助，与认为不能实现目标所导致的结果相似。

厄廷根的研究后来被发表在期刊上并经历了同行评议，一些专家却无视厄廷根收集的数据，提出了反对意见，认为她所得到的结果是荒谬且不可想象的。这正是因为"做白日梦有积极作用"这一想法是我们的社会教条，而将其认定为错误的信念似乎是反直觉的。然而，这一结果其实与常识有关：为了实现某事，你必须处理你的能力、阻力、多年来累积的负面经验及你身处的环境带来的影响之间的关系。相反，如果我们忽视了所有的这一切而只看见目标，努力说服自己所有的困难都是不存在的，那么当困难出现时（因为它们一定会出现的，特别是当过程很漫长时），我们将没有资源和工具去克服它们。

因此，这并不是说我们要消极思考，而是要将障碍用作愿望实现的跳板。这就是厄廷根继续更广泛、更努力地进行实验的原因，她需要收集更多的数据用于科学评估，证实这并不是偶然的巧合。她决定开发一种直面障碍的方法：WOOP。

WOOP

我们已经探讨过爱好、价值、监护神，但这些思想都需要在行动中被表现出来，而行动则是由困难、意外、概率、阻力等组成的。

WOOP 的概念产生于思维对比，厄廷根称之为元认知策略，因为它为人们提供了对自己的思想以及心理意象的高度认知。因为我们常常做着白日梦或是着眼于细致的规划，却很少留下空间给自己的想法和对未来的想象。如果我们有买房的计划，就会花很多时间在做白日梦（梦想的家，理想的生活）和解决实际问题（贷款、公证、装修）上，但我们很难将这两件事情放在一起。

这就是我们建议你在做 WOOP 的时候用纸笔记录的原因。你需要的时间会更长一点，但体验会完全不同。

这不是一篇日记,也不是一个表格,但它能让你把情感、欲望、价值、恐惧以及规划能力等各种元素集合在一起,白纸黑字地看见你可能会想到但需要更加仔细审视的事情,以及那些在商业计划书或谷歌日历中找不到位置的事物。

当你想知道应该如何实现工作上的、个人的,与自己的身体状况或未来生活相关的愿望时,就可以做这个练习。准备好观察自己的个人条件以及周边的环境条件,这非常重要,因为你通常会隐藏这些条件(也许你还没有写出自己脑海中那部伟大的长篇小说,因为你还没有打开文档);而创造一个专注且真实的氛围也非常重要,不要急于完成练习。

WOOP会让你发现很多事情。例如,某个你自以为很久以来一直想要完成的愿望,你会发现自己并没有对它真正感兴趣,或者它会消耗你过多的精力,而其实你想要的是完全不同的东西。

练习的第一部分会帮助你了解你的愿望是否真的让自己感到兴奋,是否真的值得付出努力;第二部分帮助你看清障碍,从而有助于规划行动。其实,这个练习是厄廷根的研究与她的丈夫彼得·戈尔维策的研究相结合的成果。彼得·戈尔维策也是一位心理学家，主要研究执行意图，即目标和行动规划是如何影响行为、情感投入以及个人意识的。

现在我们就来看看 WOOP 针对的问题以及我们建议你如何完成这个练习。

愿　　望

第一点是愿望：此时此刻，最让你兴奋的愿望是什么？可以是最重要的愿望、你最常想到的愿望、让你感到害怕但还是非常想实现的愿望，也可以是一个你想要解决的烦恼。

请花一点时间仔细阐述这个愿望，因为你可能发现自己的思想相当混乱。尽可能全面地把它写在纸上，这能帮助你更好地想象这件事情。

结　　果

一旦实现了这个愿望，你的生活会是什么样？会与现在不同吗？会有本质性的改变吗？请花几分钟想象一下，你也许会发现自己从来都没有思考过这个问题，从来没有考虑过这个计划是否值得付出太多的努力，也许这就是你一定要去做的事情。

尽可能生动地想象愿望实现后的未来场景。花一点时间来做这件事，描绘你自己、别人、周围的环境将会发生的变化。不排除一种可能，即在这个节点上，你会意识到，这个愿望的实现需要付出巨大的努力，却并不会给你的生活带来实质性的改变。在此情况下，你可能会决定，这个愿望还不具备条件成为一个计划，或者它压根就是一个一时冲动的愿望（例如，买一件你并不真正喜欢的奢侈品），然后你可以在这里中断WOOP的流程，思考一下要将自己的注意力投向另外哪个愿望。

障　　碍

当我们想要实现一个愿望时，不会认为一切都能够顺顺利利。障碍总是会到来，并且分很多种不同的类型：内部的、外部的、来自其他人的，或是来自周遭环境的。这是WOOP最复杂的一点——有时也是最痛苦的一点——因为它要求你极度诚实。当你开始走上实现愿望的道路，你认为会发生什么呢？根据你对自己、对周遭环境及实际条件的了解，你已经预见了哪些障碍呢？如果你开始对自己的计划投入大量时间，所爱的人会不会感到不满？恐惧和冒充者综合征会不会占据上风将你压倒？当你开始做一件让你感到兴奋的事情时，你的内心通常会发生什么改变？哪些是具体的障碍？你是否缺少必要的经济资源？是否需要一个同伴一起从事这件事情？是否缺少时间？

把这些通通写下来，但不仅限于列出一个清单：描述你的情绪状态，深入细节，尽量从最清晰的视角出发。你不可能预见一切，但可以意识到你已经知道的事情。

我们需要真诚，因为我们往往会逃避深度挖掘，特别是当涉及内部障碍或是我们所爱之人的反应时，而观察情况、了解为什么计划常常被中断和搁置、明白自己的精力是如何分散的、有多少愧疚感和恐惧在起着作用，这些都是极其有用的。观察问题不等于解决问题，但它能够为我们提供一种方法，以此找出事情的关键点，让我们注意到那些常常在我们眼皮子底下却被忽视的问题。你也许会认为自己需要帮助才能克服导致自我妨碍的心态,也许会第一次意识到身边的某个人阻止了你的自我表达,并且每每在你开始个人计划时分散你的注意力。

"障碍可能是一个行为、一种情绪、一个摆脱不了的想法、一次冲动、一个坏习惯、一种假设,或只是一个愚蠢而虚荣的态度。有时候,我们需要更多一点的耐心,来真正了解自己的内在障碍,意识到自己的行为和反应是多么不具建设性。坚持这个过程一开始可能很困难,因为我们时常阻碍自己进行诚实的审视。在种种情况下,你会发现许多关于自己的事实,而这些事实都是你从未想过或了解过的。通过这种方式,你将实现德语里所谓的 Durchblick,也就是对自己的愿望或担忧以及对生活其他方面更加清晰的概览。"加布里埃尔·厄廷根在《我不积极思维》中写道。

计　　划

计划与彼得·戈尔维策的研究有关,涉及"如果……那么……"的条件句式:如果某个特定的障碍出现,那么我将执行这个行动。这件事听起来很容易，但戈尔维策的调查研究表明，我们从未真正使用过这个句式。这是个老生常谈的话题：我们回避障碍，就算看见了也不会去计划如果障碍真的出现我们该如何行动，即使这并不难。

其实，如果你已经列出了可能出现的内部障碍和外部障碍（当然有很多是无法预料或无法想象的，就像每个人都无法控制一切，你也并非无所不知），试着想一想如果它们会出现，你将如何反应：如果出现状况 x，那么我就启动响应 y。

这不是你对自己做出的承诺（比如，我绝不会被困难打倒），因为它不具体，也不真实。如果你到现在都觉得完成某项任务特别艰难，那么写下"快要放弃的时刻会让你更加强大"并不是一个新的策略，而是白日梦。

为了计划如何克服障碍，你必须对自己诚实，真实地预测我们想要放弃的时刻。WOOP 正是从这方面帮助我们的：它使我们更诚实、更全面地看待想要实现的目标，不去指责、不去承诺，如果愿望是复杂的，就没有简单的出路。无须将规划理想化：根据自己的性格和过去的经验，尝试了解什么才是真正有用的。这能帮助你认知自己，因为你也许是一个喜欢计划的人，但每当时机到来时计划往往落空。因此在这个阶段，无须评判，注意到这些关键点是最重要的。

规划使我们变得诚实，迫使我们去思考实现愿望的过程中反复出现的一系列问题和紧急情况，比如焦虑和对失败的恐惧，然后抓住可能出现的机会。

为什么学会规划很重要？不是为了控制某些事情，也不是与你的价值和你的所作所为相关，而是因为计划可以使我们获得经验，为你的个人旅程标记站点。

理解意味着使自己惊讶／感到惊奇

WOOP是一个内容中立的工具，因此可以应用于许多场合，应用于简单或复杂、短期或长期的计划，这使得它非常灵活。但也正因如此，你必须以最佳的态度来完成这个练习。

厄廷根建议人们在脑海中进行WOOP练习，或用几个字把它写下来。但是，我们建议你在你的自我实现日志中进行WOOP练习，将4个要点（愿望、结果、障碍、计划）都写下来，根据自己的需要为其分配足够的时间。从愿望开始，尝试了解如何阐述它，在此过程中请注意它会激起多少情绪（如果它会激起你的情绪的话），或者你其实对它表现得有多冷漠。

一旦明确了愿望，你就可以转向结果，而后是障碍，最后是计划。不要着急，不要看时间，尽可能专注于那一刻。你应该在开始某个计划之前完成WOOP，然后再填写项目计划书、表格、文件，了解这个计划是否值得尽全力去完成。以及如果去做了，你的生活可能会发生什么样的变化。因此你必须集中注意并拥有叙事精神，因为你需要把实际的困难和情绪上的阻力结合在一起，并且准备好承认也许最终你正着手做的项目并不适合你。

当你进行这项练习时，永远不知道自己会发现些什么，但是你可以期望它揭露一些被一个即将开始某项计划的人很少注意的方面。

我们建议你首先从近几个月想要实现的、最重要的愿望开始进行WOOP的练习，然后从你近期在工作上、个人领域、想要解决的实际问题等方面选择4个愿望，再次进行练习。对于每一个愿望，都要做一次特定的WOOP,每一次都要完整地列出所有的要点。这不仅能帮助你了解哪些是当下需要完成的优先项,哪些是可以真正投入去做的事情(从而避免同时进行数千个计划却一个都没有完成),并且还可以保证你在下个阶段的计划以及日常实施的工作中思路更加清晰。

这是个简单的、常识性的练习,但当你真正将它付诸实践时,它会带给你不可思议的结果。

现在请前往第6章或第9章。细细想来,6和9的形状是完全相同的。认识价值的能力取决于我们看待这些数字的视角。仅仅保证6和9的方向正确是不够的,你也要站在正确的方向。事实上,就像卡洛·罗韦利所解释的那样,现实是一个巨大的关系网,而每一个实体只是这个网络中一个短暂的节点。就像量子物理学教会我们的那样,物体特点和属性并非恒定,只在与其他事物发生关系时才表现出来。绝对的、普遍的事物是不存在的,任何对现实的看法都不过是某个片面的观点。

我们建议你现在前往第9章,或者你也可以去看看第6章。你会怎么做呢?

第 12 章
结论：培养惊奇

根除个人的重要性

我们已经到达了旅程的最后一站。在离开之前，我们有义务避免一个风险：再三审视自己的内心，观察自己、了解自己、考验自己，这也许会导致你过度重视个人的重要性。换句话说，"认识你自己"已经取代了"关照你自己"的重要性。

这不是什么问题，只是一个生理阶段。不过，我们应该向前迈进，不能原地徘徊耽误时间，因为大部分哲学初学者（或巫师，随你挑）都卡在这里，没有继续前进。我们从卡洛斯·卡斯塔尼达处引入了巫术这一重要的概念，卡斯塔尼达的哲学老师是唐望，在《内在的火焰》中，卡斯塔尼达解释了这一根本的矛盾心理。一方面，个人的重要性实际上浓缩了我们身上存在的所有价值；而另一方面，这一切都是堕落的，摆脱它是一个杰出的策略，为所有时代的先知所赞赏。因此，个人的重要性既是我们一切价值的核心，也是我们堕落的核心。为什么会这样呢？因为它与我们体内的潜能有关，与我们感受到自己的体内有超越自身的东西有关。但是，这种感觉会成为我们自恋的源泉并导致我们混淆了体验惊讶和惊讶的观念。

简言之，你过于重视自己了。你几乎读完了这本书，而正是由于这本书为你带来的巨大的价值，你感觉从中学到了一些有用的东西。问题在于，个人的重要性会推动你主动寻求关注并越来越依赖它。得到的关注越多，你想要的也就越多。既渴望来自别人的关注，也想要自己的关注。你将时间浪费在建立一个受人喜爱的形象上，将亲密之人的喜爱看得比自己的喜爱更重要。也是因为个人的重要性，如果别人做了与你对立的事情，你就会感到被冒犯。自恋的重量其实是一个可怕的阻碍。其实你不必努力成为一个重要的人物。不必担心别人是否赞赏你，将自己从好孩子的桎梏中解放出来吧。

在 GDR 回合制策略电子游戏中，或者说在角色扮演游戏中，某个角色执行一系列特殊动作的能力一般与某项具体指标相关。如最普遍的是法力值或魔法值，用于描述一个角色的魔法系数。它与生命值或能量值不同，后者表示你能够承受外部冲击的程度。在生活的游戏中，你的回合里，个人的重要性几乎充斥了整个法力值。作为旅程的开启者，它是最基本的，因为如果你不重视自己，旅程就永远不会开始。但在游戏的过程中你必须学会摆脱个人的重要性，释放法力值以面对未知。

如何释放法力值

作为一个初学者，你应该有意识地引导那些经常散失的法力能量。

在日常生活以及行为动机中，你必须将完美性的概念与宗教道德的概念区分开来。如果宗教道德与背负罪恶感以及遵循对错、善恶的概念有关，那么完美就仅仅意味着努力以自己的能量水平发挥出最佳作用，并完全为自己的决定负责。

为了做到这一点，你必须停止将为自己建立的形象投射在他人身上。（1）建立自己的形象；（2）保持自己的形象是一种对能量的巨大浪费；（3）为此你必须努力不断向别人展示这个形象；（4）确保他人顺利地看见这一形象。只要摆脱了这4个阶段的能量散失，你就能发现自己拥有一整条法力值可供支配，从而有能力在生活中施展"魔法"。

数十亿人的共识形成了一种社会秩序，它产生了巨大的社会压力，促使你与已经十分相似的人们趋同，与他们的平庸相一致。你必须尽可能地让自己从这种秩序的力量中抽身。

有意识地做蠢事

有意识地做些蠢事和非常规的举动。绊一跤，脸上沾着巧克力碎渣，或是穿着两只不同的鞋子出门，掉进水里，在路边声嘶力竭地唱歌，在地铁里捧腹大笑，穿着睡衣购物，总之随你。仔细观察，一件蠢事其实只不过是在你当下所处的社会中被认为不合适的行为。在日志中写下每一段经历并讲述其过程，每隔一段时间就去重读你的冒险。关键是要认识到自己的行为是不恰当的，是对惯例与常规的颠覆。有很多方法可以让你降低个人重要性，重新评价自己，从而拥有更大的自由空间，自愿做出的一些古怪举动（如果是精心策划的）是其中最好的方式之一。你用了太多能量向别人和自己确认你的外在形象，每一次学会省下这些能量都会为你带来巨大的力量。不应把扰乱别人当作目标，要让自己感到不安。处于倦怠时，你不必为向世界展示你的倦怠而感到负担：你必须练习观察自己的机械性以及个人重要性。不用卑躬屈膝：要发现你自己。学会从合心意的角度出发，体验世界。

要是你从中体会到了太多的乐趣，就停止这项练习。练习中潜藏的效果已经逐渐消失，为夸耀留下了太大的空间。

别人做的事

一种无形的障碍会推动你像他人一样行事。你得学会有意识地修正自己的行为,以恒定的方式打破这个障碍。葛吉夫的祖母在临终前给了他一个建议:"在生活中,永远不要做别人做的事。"将这句话当成给自己的建议吧。

你的行为有意识地偏离常规,就会对你的存在产生不同寻常的影响。这类似于许多水手在长途航行后回到陆地时所描述的感觉:不再被困住,可以更自由地行走。为了更好地让自己与众不同,要做符合你自己审美意识的事,而不仅仅是做奇怪的事。

你必须好好地做那些奇怪的事情。

这一章并不是真正的结论章。

这只是旅程的最后一个节点,帮助你从哲学上接受它。

实际上，结论章是你遇见的第一页，而它的标题叫作终点并非巧合。

请重读这本书，以此结束你的阅读。

对你而言，这本书看起来会与旅程开始时非常不同。

在迷宫中的自我定位

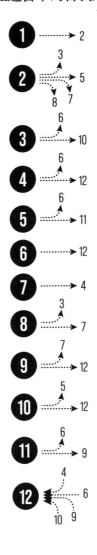

参考文献

BENJAMIN, Walter, *Il narratore. Considerazioni sull'opera di Nicola Leskov*, in *Angelus Novus. Saggi e frammenti*, Einaudi, Torino 1976.
p. 74
BERGSON, Henri, *La filosofia come modo di vivere*, trad. it. di A.C. Peduzzi e L. Cremonesi, Einaudi, Torino 2008.
BEY, Hakim, *taz. La Zona Autonoma Temporanea*, Shake Edizioni, Milano 2020.
p. 127
BROME, Vincent, *Vita di Jung*, trad. it. di L. Schenoni, Bollati Boringhieri, Torino 1994.
p. 137
CASTANEDA Carlos, *Gli insegnamenti di don Juan*, trad. it. di R. Garbarini e T. Pecunia Bassani, Rizzoli, Milano 2013.
p. 30 (seconda); p. 111
CLEMENTE, Paolo M., *La deriva. Istruzioni per perdersi*, Tlon, Roma 2020.
p. 113

DENNETT, Daniel, *Strumenti per pensare*, trad. it. di S. Frediani, Cortina, Milano 2014.

p. 83

DICKINSON, Emily, *Sillabe di seta*, trad. it. di B. Lanati, Feltrinelli, Milano 2004.

p. 150

ENGELN, Renee, *Beauty mania. Quando la bellezza diventa ossessione*, trad. it di A. Di Meo, HarperCollins, Milano 2018.

p. 58

FARĪD, ad-Dīn 'Aṭṭār, *Il verbo degli uccelli*.

p. 8 (prima)

FISHER, Mark, *Realismo capitalista*, trad. it. di V. Mattioli, Nero Editions, Roma 2018.

p. 132

FOUCAULT, Michel, *Tecnologie del sé. Un seminario con Michel Focault*, Bollati Boringhieri, Torino 1992.

p. 49

FOUCAULT, Michel, *L'ermeneutica del soggetto*, trad. it di M. Bertani, Feltrinelli, Milano 2004.

p. 163 (seconda); p. 164 (seconda)

GROS, Frédéric, *Andare a piedi. Filosofia del camminare*, trad. it. di F. Bruno, Garzanti, Milano 2013.

p. 81

GURDJIEFF, Georges I., *Vedute sul mondo reale*, trad. it. di I. Legati, Neri Pozza, Vicenza 2002.

p. 91; p. 146 (prima)

GURDJIEFF, Georges I., *I racconti di Belzebù a suo nipote*, traduzione di L. Comba e I. Legati, Neri Pozza, Vicenza 2004.

HADOT, Pierre, *La cittadella interiore*, Vita e Pensiero, Milano 1996.

p. 128 (seconda); p. 129 (prima e seconda); p. 130

HEIDEGGER, Martin, *Nietzsche*, Adelphi, Milano 1994.
   p. 125 (seconda)
JODOROWSKY, Alejandro, *Quando Teresa si arrabbiò con Dio*, Feltrinelli, Milano 2013.
   p. 146 (seconda e terza)
JUNG, Carl G., *Visioni. Appunti del Seminario tenuto negli anni 1930-1934*, Edizioni Magi, Roma 2004.
   p. 148
JUNG, Carl G., *Lettere di Carl Gustav Jung*, vol. 1., Edizioni Magi, Roma 2006.
   p. 53
KINGSLEY, Peter, *Nei luoghi oscuri della saggezza*, Tropea, Milano 2001.
   p. 43
KEAN, Sam, *Il duello dei neurochirurghi*, Adelphi, Milano 2017.
   p. 166
LACAN, Jacques, *Il seminario*, libro III, Einaudi, Torino 1980.
   p. 17
MUSIL, Robert, *L'uomo senza qualità*, trad. it. di A. Rho, Einaudi, Torino 1957.
   p. 87
NEWPORT, Cal, *Minimalismo digitale*, Roi Edizioni, Macerata 2019.
   p. 135
NIETZSCHE, Friedrich, *Frammenti postumi (1884-1885)*, trad. it. di S. Giametta, Adelphi, Milano 1971, fr. 6.70.
   p. 98 (prima)
NIETZSCHE, Friedrich, *Frammenti postumi (1882-1884)*, trad. it. di L. Amoroso e M. Montinari, Adelphi, Milano 1982, fr. 5.
   p. 98 (seconda)
NIETZSCHE, Friedrich, *La volontà di potenza*, trad. it di M. Fer-

rari e P. Kobau, Bompiani, Milano 1995, frr. 2-3.

p. 125 (prima)

NIETZSCHE, Friedrich, *Al di là del bene e del male*, trad. it. di F. Masini, Adelphi, Milano 2008.

p. 128 (prima)

OETTINGEN, Gabriele, *Io non penso positivo*, Tlon, Roma 2017.

p. 183

RICOEUR, Paul, *Sé come un altro*, trad. it. di D. Iannotta, Jaca Book, Milano 2016.

p. 34

SARTRE, Jean-Paul, *La nausea*, trad. it. di B. Fonzi, Einaudi, Torino 2005.

p. 146 (quarta)

Troppe puttane! Troppo canottaggio! Da Balzac a Proust, consigli ai giovani scrittori dai maestri della letteratura francese, antologia curata e tradotta da Filippo D'Angelo, minimum fax, Roma 2014.

p. 142; p. 143

WEIL, Simone, *Quaderni*, III, trad. it. di G. Gaeta, Adelphi, Milano 1988.

p. 8 (seconda)

WEIL, Simone, lettera a Joë Bousquet del 13 aprile 1942, in *Corrispondenza*, SE, Milano 1994.

p. 68 (prima)

古代文献

CORANO

p. 24

EPITTETO, *Manuale di Epitteto*

p. 168

MARCO AURELIO, *Pensieri*
   p. 161 (prima e terza); p. 163 (prima)
PLATONE, *Apologia di Socrate*
   p. 33
PLATONE, *Repubblica*
   p. 30 (prima)
SENECA, *La brevità della vita*
   p. 66 (prima e seconda); p. 68 (seconda); p. 161 (quarta)
SENECA, *Lettere a Lucilio*
   p. 161 (seconda); p. 163 (terza e quarta); p. 164
VANGELO
Mc 5:9-13, p. 100; Mc 5:16-17, p. 101

目　录

编前记	i
推荐序	iii
终　点	ix
前　言	xiii
第1章　信　任	1
第2章　优秀、幸福与自我实现	21
第3章　意识的爆发：自我关照	35
第4章　和谐管理：生命的短暂与节制	58
第5章　小我的无限多样性：自我认知	78
第6章　没有终点的道路：爱好和天赋	103

第 7 章　可以撕掉的标签：如何创造价值　　124

第 8 章　垃圾站中心的拳击场：
　　　　 转化互联网带来的焦虑和不适　　136

第 9 章　一个待阐明的问题：叙述的力量　　148

第 10 章　想象力的挑战：力量与脆弱　　163

第 11 章　关于障碍和跳板：如何让愿望成真　　179

第 12 章　结论：培养惊奇　　207

在迷宫中的自我定位　　214

参考文献　　215

自我实现
日志
JOURNAL

无知即罪恶。

❏ 苏格拉底

正义就是在国家中做正当的事,当每一个人做一种对国家有关的工作,而这个工作又是最适合他的天性时,这个国家就有了正义。

❏ 柏拉图

如果你是为了一种特定的生活而修行，它就变成一种阻碍。

❏ 葛吉夫

内容充实的生命就是长久的生命,我们要以此而不是以时间来衡量生命。

❏ 塞涅卡

其实人跟树是一样的,越是向往高处的阳光,它的根就越要伸向黑暗的地底。

❏ 尼采

人要诗意地栖居在大地上。

❑ 海德格尔

重复就是差异。
❏ 吉尔·德勒兹

我们一旦掌握真理,自己就会得到改变。

　　　　　　　❏ 米歇尔·福柯